La Torche Flamboyante

Ou

Torche Numéro 9

Rév. Renaut Pierre-Louis

Pour toutes informations regardant nos ouvrages et vos brochures évangéliques, adressez-vous à:

Peniel Southside Baptist Church
P.O. Box 100323
Fort Lauderdale, Fl 33310
Phone: 954-242-8271
954-525-2413
Fax: 954-623-7511
Website: www.penielbaptist.org
Website: www.theburningtorch.net
E-mail: renaut@theburningtorch.net
E-mail: renaut_cyrille@hotmail.com

Copyright © 2015 by Renaut Pierre-Louis
Tous droits réservés @ Rév. Renaut Pierre-Louis

Attention : Il est illégal de reproduire ce livre en tout ou en partie sous quelque forme ou par quelque procédé que ce soit, électronique mécanique, photographique, sonore, magnétique ou autre, sans avoir obtenu, au préalable, l'autorisation écrite de l'auteur.

Les ouvrages dans les trois langues française, anglaise et créole, sont aussi disponibles chez :

Morija Book Store:
1387 Flatbush Ave   Brooklyn, N.Y. 11210
Phone: 718-282-9997

Michel Joseph:
192-21   118 Rd   St Albans, N.Y. 11412
Phone: 917-853-6481   718-949-0015

Rév. Julio Brutus:
P.O. Box. 7612   Winter Haven, FL 33883
Phone: 863-299-3314 ; 863-401-8449

Rev. Edouard Georcinvil
725 NE 179th Terr N. Miami Bch, FL 33162
Phone: 305-493-2125

Rév. Evans Jules:
Eglise Baptiste Bethel
5780 W. Atlantic Ave   Delray Beach Fl 33444
561-452-8273   561-266-5957

Iliana Dieujuste
2432 Indian Bluff Dr   Dracula, GA 30019
Phone: 954-773-6572

Série 1

L'amour De Dieu
Dans Ses Grandes
Dimensions

Avant-propos

Une fois de plus, nous devons nous courber avec humilité devant Celui que nul ne peut définir. Dieu est plus qu'un univers et nous sommes si petits; que pouvons-nous dire et que pouvons-nous faire pour l'atteindre dans ses grandes dimensions? Notre audace n'arrive pas jusque-là. Vous qui nous lisez aurez pu trouver des expressions plus significatives pour en parler. Faisons donc, si vous le voulez, un échange sur nos trouvailles sur Dieu. Ce serait un duo d'amour où la valse[1] en cadence nous conduirait jusqu'au ciel.

L'auteur

---

[1] Valse nf. Danse originaire d'Allemagne, exécutée en couples qui tournoient autour d'eux-mêmes en glissant selon une trajectoire circulaire, à la mode à la fin du XVIIIe siècle dans toute l'Europe.

Leçon 1   Dieu est amour

Textes pour la préparation: Ge.2:7; 3:9;17:1; 21:33; Job.36:26; Es.57:15; Mi.5:1; Jn.1:14; 14:3; Col.1:1-17; 1Jn.4:7-11;
Texte à lire en classe: 1Jn.4:7-11
Verset à réciter: Celui qui n'aime pas, n'a pas connu Dieu, car Dieu est amour. **1Jn.4:8**
Méthodes: Discours, comparaisons, questions
But: Parler de Dieu dans son essence

Introduction
Savez-vous que Dieu est indéfinissable[2]? Si on dit que Dieu est amour, comment le définir alors?

I. Il l'est dans son essence
1. C'est dans la nature même de Dieu de manifester ce qu'il est, et ce qui est propre à lui-même. Il n'est pas mesurable dans le temps ni dans l'espace. Il vit dans l'éternité pour montrer sa gloire et donner la vie. C'est le Dieu transcendant[3]. Job.36:26
2. Il est incréé[4]. Il existe par lui-même et amène toutes choses à l'existence, les visibles et les invisibles, de part sa souveraine volonté. Col.1:16-17

---

[2] Indéfinissable adj. Qu'on ne peut définir, vague
[3] Transcendant. Philos. Caractère de ce qui est absolument supérieure, de ce qui est extérieur au monde.
[4] Incréé. Qui existe sans avoir été créé.

3. Dans la révélation de sa personne, il prend le nom d'El-Olam, le Dieu de toute éternité; d'El'Shaddai, le Dieu Tout-Puissant, d' El Elyon, le Dieu Très-Haut. Il suffit à lui-même sans les anges et sans l'homme. Il est Dieu dans son essence. Ge. 17:1; 21:33; Es.57:15

II. Il l'est dans son incarnation. Jn.1:14

1. Cependant, s'il est inconnaissable[5] par sa transcendance, il veut se faire connaitre et étendre sa gloire dans les cieux et sur la terre. Si l'on ne peut voir sa face et vivre, on peut néanmoins témoigner de sa présence dès qu'on se met dans la condition pour le recevoir. Es.57:15
Il veut habiter en nous comme une projection, un duplicata, une autre copie de lui-même. «Et la Parole de Dieu s'est faite chair et elle a habité parmi nous…» Jn.1:14
Vous comprenez pourquoi Jésus dit «qu'il veut que là où il est nous y soyons aussi. Il est un Dieu immanent.[6]
Jn.14: 3
2. **Il a voulu partager sa gloire avec nous.** Ainsi il met en nous une partie de lui-même pour nous rendre semblables à lui. Ge.2:7
Quand il dit: «Adam, où es-tu? Il ne recherchait pas l'homme animal visible, l'instrument du péché; Il était à la recherche

---

[5] Inconnaissable. Qui ne peut être connu
[6] Immanent. Philos. Qui est intérieur à un être, à un objet, qui résulte de sa nature

de sa propre **image**. Ainsi Il se recherchait lui-même dans l'homme. Ge.3:9 Il a voulu avoir en Adam un correspondant pour interpréter cette nature. C'est malheureux qu'il ait failli.

Conclusion
Ainsi en voulant vivre en nous et nous faire jouir de son essence, Dieu est réellement amour.

Questions

1. Comment définir Dieu? Dieu est amour
2. Peut-on le voir? Non
3. Pourquoi? Il vit dans l'éternité
4. Comment arriver à le connaitre? Par la révélation de sa personne en Jésus-Christ
5. Que veut dire «Dieu est incréé? Il existe par lui-même.
6. Que veut dire El-Shaddai? Dieu Tout-Puissant
7. Que veut dire El Elyon? Dieu Très-haut
8. Que veut dire El Olam? Dieu d'éternité?
9. Que veut dire « Adam où es-tu? Dieu à la recherche de lui-même dans l'homme.
10. Pourquoi a-t-il créé l'homme? Pour sa gloire et pour avoir un correspondant sur la planète.
11. Parmi tous les animaux, quel est celui que Dieu aime le plus? L'homme
12. Pourquoi? Parce qu'il habite en l'homme et fait de lui son associé sur la planète.

Leçon 2 Son amour dans la rédemption de l'homme

Textes pour la préparation: Ge. 1: 26-28; 3: 14-19; 6:1-4; Ps.23: 3; Jn.3:14-21; Ro.5:8
Texte à lire en classe: Jn.3:14-21
Verset à réciter: Mais Dieu prouve son amour envers nous, en ce que, lorsque nous étions encore des pécheurs, Christ est mort pour nous. Ro.5:8
Méthodes: Discours, comparaisons, questions
But: Donner la preuve irréfutable[7] de l'amour de Dieu envers nous.

Introduction
Une histoire vieille comme le monde: Adam a péché. Depuis lors, *l'humanité en Adam* est en fuite devant Dieu. A-t-il intérêt à le chercher? Comment va-t-il s'y prendre pour le racheter? C'est notre sujet pour aujourd'hui.

I. **Son intérêt dans la recherche de l'homme.**
1. C'est son fils. Lu.3:38 Il l'a créé à son image. Ge.1:26. Il est appelé à justifier sa paternité divine, étant un Dieu responsable. C'est ensuite son associé pour gérer la planète. Son job était ainsi conçu:
   a. Croitre, multiplier et remplir la terre. Ge.1:28

---

[7] Irréfutable. Adj. Ce dont on ne peut démontrer la fausseté par des preuves contraires.

b. Donner des noms à tous les éléments de la planète. Ge.2:19-20
c. Dominer sur eux et en rendre compte au créateur. Ge.3:26-28
Ce n'était pas l'œuvre d'un jour ou d'un an ou même de cinquante ans, car la terre n'est pas petite.
2. Rien ne dit qu'Adam et Eve avaient péché immédiatement après leur création. Nul ne sait combien de temps a duré leur état de sainteté avant la désobéissance. Rien ne dit explicitement s'ils avaient des enfants et combien.

II. Son opération de sauvetage

1. Il fait provision pour le salut de l'homme en faisant une œuvre de rédemption pour le couple. Ge.3:21
2. Cependant puisque le péché est un **état** avant d'être un **acte**, nous héritons du mal. Il est dans notre sang. Puisque le péché est un mal universel, il faut donc, pour l'extirper[8] un remède universel. Dieu donc envoie Jésus, le dernier Adam non pas pour juger le monde mais pour que le monde soit sauvé par lui. Jn.3:17; 1Co.15:47
3. Il va le sauver parce qu'il a trop investi dans l'homme pour l'abandonner. Jn.3:16

---

[8] Extirper. Vt Arracher avec la racine. Enlever complètement avec difficulté

4. Parce qu'il doit sauver du coup sa réputation dans l'œuvre qu'il a créée. Ps.23: 3
5. Parce que Dieu en l'homme ne peut être sauvé par un autre que Dieu lui-même car nul n'est capable de satisfaire le prix à payer pour notre salut. Jésus vient chercher et sauver ce qui était perdu, car Dieu a « tant aimé le monde.» Lu.10:19

Ainsi Dieu prouve son amour pour nous, en ce que, lorsque nous étions encore des pécheurs, Christ est mort pour nous. Ro.5:8

Conclusion
C'est pour l'éternité que le Seigneur nous aime. Sa grâce en notre cœur jamais ne cessera. Triomphons en Jésus et vivons pour lui plaire.

Questions

1. Pourquoi Dieu va-t-il 'il à la recherche de l'homme ?
2. Parce que c'est son fils. C'est aussi son associé. Il doit sauver en lui sa réputation.
3. Combien de temps a-t-il fallu à Adam pour croire, multiplier et remplir la terre? Longtemps
4. Adam avait-il péché immédiatement après sa naissance ? On ne sait pas.
5. Qu'est-ce que Dieu a fait pour réparer la chute de l'homme? Il sacrifia un animal pour procéder à l'expiation de leurs péchés.

Leçon 3 Son amour lié à sa justice

Textes pour la préparation: Es.59:1; Jn.10:17; 19:30; Ro.5:1-8; 6:23;8:1; 20:22; Ph.3:20; Hé.7:25; 2Pi.3:13
Texte à lire en classe: Ro.5:1-8
Verset à réciter: Car, lorsque nous étions encore sans force, Christ, au temps marqué, est mort pour des impies. **Ro.5: 6**
Méthodes: Discours, comparaisons, questions
But: Montrer que ce salut gratuitement offert coûte le plus grand prix à Dieu, son auteur.

Introduction

Il est facile de voir Dieu dans son amour et sa miséricorde pour le pécheur et oublier la manifestation de sa justice. On ne peut séparer l'un de l'autre.

Essayons aujourd'hui de mettre les choses à leur place et de remplacer les lettres par leurs valeurs.

I. Le salut de l'homme, une transaction coûteuse.
1. Le péché sépare l'homme de son créateur. Dans son amour, Dieu veut chercher l'homme perdu et le sauver.
2. Cependant dans sa justice, il doit punir le péché.
   Or, le salaire du péché c'est la mort. Comment va-t-il punir le péché et sauver le pécheur? Comment va-t-il résoudre ce

dilemme?[9] C'est alors qu'en Christ, Dieu réconcilie sa justice et sa bonté. Car Dieu a tant aimé le monde qu'il a satisfait sa justice en immolant[10] son Fils à notre place sur le bois du Calvaire. Il n'a pas dit qu'il nous aime; **il le prouve** de préférence, en payant le prix de notre rédemption par le sang de son Fils. Ro. 5:8; 6:23

II. Le salut de l'homme, une transaction parfaite.
1. Il ne souffre d'aucun délai. Jésus sauve à l'instant et **parfaitement**. Jn.3:36
2. Comment? Il faut l'accepter par la foi. Il sauve **parfaitement** ceux qui s'approchent de Dieu **par lui** étant toujours **vivant** pour intercéder en leur faveur. Hé.7:25
3. Il a donné sa vie afin de la reprendre. Il reste donc vivant. Jn.10:17
4. L'homme n'a rien à payer comme avaloir. Tout est accompli. Et maintenant, il n'y a aucune condamnation pour ceux qui sont en Jésus-Christ. Jn.19:30; Ro.8:1
5. «Je leur donne la vie éternelle et elles ne périront jamais, et personne ne les ravira de ma main.» Jn.10:28

III. Le salut de l'homme une transaction éternelle.

---

[9] Dilemme nm. Obligation de choisir entre deux possibilités comportant tous deux des inconvénients
[10] Immoler v.t Tuer quelqu'un ou un animal pour l'offrir à une divinité

1. Dieu a créé l'homme à son image et à sa ressemblance. Partant, Dieu avait soufflé dans l'homme la vie éternelle. Le péché lui a enlevé ce privilège. Pour prouver son amour envers nous, il descend de lui-même vers nous; il s'habille de notre humanité et nous tend la perche de la réconciliation à la croix du calvaire. Jésus est venu à nouveau, insuffler l'éternité en l'homme. Jn.20:22
2. Dès lors, le paradis n'est plus sur terre. Notre cité à nous est dans les cieux. Phil.3:20;
Ce sera de nouveaux cieux et une nouvelle terre où la justice habitera. 2Pi.3:13

Conclusion
Voilà comment Dieu satisfait son amour et sa justice. En êtes-vous content?

Questions

1. Combien notre salut a-t-il couté? Le prix du sang de Christ

2. Quelle était la destinée de l'homme? De vivre éternellement comme Dieu son père

3. Quel est le plan de Dieu? Sauver le pécheur

4. Que réclame sa sainteté? La punition du coupable

5. Comment a-t-il concilié son amour à sa justice? Jésus a payé le prix de notre rédemption

6. Que manque-t-il à notre salut? Rien. Il est parfait

7. Combien de temps va-t-il durer? Eternellement

8. Comment eut lieu l'opération de sauvetage? Jésus s'habille de notre humanité pour venir nous sauver.

Leçon 4 Son amour dans la permanence de notre salut

Textes pour la préparation : No.6 :24-27 ; Ps.34 :6 ; 137 :5 ; Es.49 :16 ; Je.23 :23 ; Mt. 3 :13, 16-17 ; 18 :20 ; Jn.10 :28 ; Ro.8 :1 ; 2Co.1 :22 ; Ep.4 :30 ; Ap.2 :17 ; 3 ; 12 ; 7 :3
Texte à lire en classe: Mt.3 :13-17
Verset à réciter : Et celui qui nous affermit avec vous en Christ, et qui nous a oints, c'est Dieu, lequel nous a aussi marqués d'un sceau. 2Co.1 :21-22a
Méthodes : Discours, comparaisons, questions
But: Montrer l'intervention de la Trinité dans notre salut.

Introduction
Qu'il est vraiment curieux de *voir* les trois personnes de la Trinité unies dans le « Faisons l'homme… » ! Les voilà à nouveau dans le Nouveau Testament pour inaugurer le plan de rachat de l'homme ! Approchez-vous un peu, au bord du Jourdain et regardez.

I. Les trois personnes de la Trinité.
Regardez d'abord Jésus dans le fleuve, puis le Saint Esprit dans l'espace, sous la forme d'une colombe et écoutez la voix de Dieu à la tour de contrôle. Mt.3 :13, 16-17

II. Dieu veut maintenir parole
1. Il réitère son plan de salut. Quand il avait affaire seulement au peuple d'Israël, la

Sainte Trinité décida de donner à chaque enfant un acte de naissance signé par les trois personnes divines.
   a. Que l'Eternel te bénisse et qu'il te garde ! C'est le rôle du Père. No.6 :24
   b. Que l'Eternel fasse **luire** sa face sur toi et qu'il t'accorde sa grâce ! C'est le rôle du **Saint Esprit**. No.6 :25
   c. Que l'Eternel **tourne sa face vers toi** et qu'il te donne **la paix** ! C'est le rôle du **Fils**, Jésus, le prince de paix qui tourne les yeux vers l'Eglise, sa fiancée. No.6 :26
   d. Et il ajoute : « C'est ainsi qu'ils mettront mon nom, c'est-à-dire, ma signature, mon empreinte digitale sur les enfants d'Israël. » No.6 : 27
2. Dans le baptême du chrétien, le Père trône au ciel à la tour de contrôle, le Saint Esprit est là pour nous conduire dans toute la vérité et Jésus, notre fiancé, toujours avec nous pour tourner la face vers nous et nous remplir de joie. Ps.34 :6 ; Mt.3 :16-17
3. Dieu nous marque de son sceau pour que nul ne puisse nous réclamer comme le sien. Et dans l'éternité, il nous donnera un nom nouveau et mettra sur nous, non pas le sceau de fiancée, mais celui d'épouse. Ap.2 :17 ; 3 :12 ; 7 :3

III. **Preuve de cette permanence** :
   1. Dieu nous a gravés sur ses mains en sorte qu'il ne peut nous oublier. Es. 49 :16

2. Lui-même il l'a dit : « Si je t'oublie Jérusalem que ma droite m'oublie ». Ps.137 :5
3. Je leur donne la vie éternelle et elles ne périront jamais et personne ne les ravira de ma main. Jn.10 :28
4. Il n'y a aucune condamnation pour ceux qui sont en Jésus-Christ. Ro.8 :1
5. Il est à l'écoute de nos cris. Quand deux ou trois s'unissent en son nom, il ne dit pas « **je viendrai** » mais « **je suis déjà là.** » Pourquoi ? C'est parce qu'Il est omniprésent. Je. 23 : 23 ; Mt.18 :20

Conclusion

Quel fiancé, dans un acte d'héroïsme, pourrait maintenir sa parole en tout temps et en toutes circonstances ? Seul le Dieu d'amour. On l'appellera admirable !

Questions

1. Qui intervient dans le salut de l'homme ?
   La Trinité
2. Comment Dieu officialise-t-il sa paternité sur les enfants d'Israël ?
   Il met son sceau sur eux.
3. Qu'est-ce que Dieu a fait pour nous rassurer de sa présence continuelle?
   Il nous grave sur sa main.
4. Où est-il quand nous prions ?
   Il est déjà présent.
5. Que nous promet-il au ciel ?
   Un nom nouveau

Leçon 5 Son amour dans le mécanisme de la rédemption

Textes pour la préparation : Lu.5 :20 ; Jn.1 :29 ; Ro.5 :14, 20 ; 2Co.5 :17 ; 7 :1; Gal.2 :20 ; Col.2 :13-14 ; 1Jn.1 :7
Texte à lire en classe: Col.2 :13-17
Verset à réciter : Que le péché ne règne donc point dans votre corps mortel et n'obéissez pas à ses convoitises. **Ro.6 :12**
Méthodes : Discours, comparaisons, questions
But: Parler de la méthode de la rédemption

Introduction
Dans la leçon précédente, nous avons vu un Dieu satisfait de notre délivrance du péché. Mais comment les frais ont' ils été payés ? C'est notre leçon pour aujourd'hui.

I. Il a payé pour la personne du coupable
1. Jean, le présentateur[11] du Seigneur, disait aux juifs : « Voici l'agneau de Dieu qui ôte **le péché** du monde. » **Jn.1 :29** S'agit 'il d'un seul péché ?

2. **Quelle est donc la différence entre le péché et les péchés?**
   a. Le péché ici est le mal originel hérité d'Adam, notre père. Voilà pourquoi la condamnation s'étend sur tous les fils

---
[11] Présentateur nm. Personne qui présente, anime un programme, un spectacle, une émission de radio ou de télévision

d'Adam. Nous sommes par nature des enfants de colère, coupables dans un sens collectif mais non responsables dans un sens personnel. Ro.5 :12 ; Ep.2 :3
b. Dès le premier contact avec le pécheur, Jésus le libère du pouvoir de Satan en lui disant : « Tes péchés te sont pardonnés ». C'est le premier soin au mourant. Lu.5 :20
c. Par sa mort sur la croix du calvaire, Jésus, l'agneau de Dieu, a effacé l'acte dont les ordonnances nous condamnaient et qui subsistait contre nous. Ainsi le problème **du péché** est résolu. Col.2 :15

II. Il a ensuite payé pour nos faits dommageables.[12]
1. Les péchés sont les fruits du péché, de notre nature pécheresse. Le problème **des péchés** est réglé avec son sang. Son sang nous purifie de tout péché. 1Jn.1 :7
2. Ce sont les mauvais actes que nous avons commis par la puissance du **péché** qui agissait en nous. (vol, adultère, crime, médisance, calomnie, mensonge, vice contre nature…) Quand nous sommes en Christ, ces anciennes manifestations du vieil homme sont bridées. Toutes choses sont devenues nouvelles. 2Co.5 :17

---

[12] Dommageable adj. Qui cause un dommage

3. Ainsi, **la croix nous délivre de la puissance du péché, le sang de Jésus nous purifie de tous les péchés** commis à cause du démon de la chair qui agissait en nous.
4. L'Esprit saint intervient pour dominer nos tendances, nos inclinations[13] au mal. Et maintenant, si je vis, ce n'est plus moi qui vis mais Christ qui vit en moi pour achever en moi l'œuvre de sanctification. 2Co.7 :1 ; Gal.2 :20

Conclusion

Jésus est le donneur universel. Si vous l'acceptez maintenant comme votre Sauveur, vous êtes délivré du péché et de la condamnation éternelle. Retenez bien qu'il n'y a qu'un seul Jésus, un seul Sauveur. Résolvez-vous à l'accepter comme tel.

Questions

1. Que fit Jésus à la croix ?
   Il a subi la mort à notre place
2. Quel est maintenant notre sort ?
   Nous sommes délivrés de la puissance du péché.
3. Quel rôle joue le sang de Jésus-Christ ?
   Il nous purifie de tous nos péchés.
4. Quel est le rôle du Saint-Esprit dans le salut ?
   Il domine nos tendances pour nous préserver du mal.
5. Quel est désormais le droit de Satan surtout ?
   Aucun

---

[13] Inclination nf. Tendance

Leçon 6 Son amour manifesté dans notre nature

Textes pour la préparation : Jn.14 :17 ; Ac.2 :38 ; 1Jn.3 : 2 ; Ap.22 : 3-5
Texte à lire en classe: Ps.139 :13-16
Verset à réciter : Je te loue de ce que je suis une créature si merveilleuse. Tes œuvres sont admirables, et mon âme le reconnait bien. Ps.139 : 14
Méthodes : Discours, comparaisons, questions
But: Montrer comment Dieu arrange la nature de manière à la rendre intelligible et utile à l'homme.

Introduction
Savez-vous que Dieu a pris une partie de chaque élément de la nature pour former l'homme? Savez-vous aussi qu'une carence d'un de ces éléments affecte la vie physique de l'homme? Comment l'expliquer?

I. L'homme est corps, âme et esprit.
1. Le corps c'est notre partie matérielle, visible. Il est composé des divers éléments dans la nature de sorte que tout sur la planète se rapporte à l'homme. Il peut les dominer tous parce que Dieu l'a doté d'un système de commande approprié. L'espace, l'électricité, l'électronique, les vertus des plantes, les entrailles de la terre ne sont pas des mystères pour lui.

2. L'âme c'est notre partie immatérielle[14], invisible. C'est le siège de nos émotions, de nos désirs, de notre volonté. C'est le corps astral[15], invisible, le « nous-mêmes » qui utilise le corps pour s'exprimer. Ainsi tous les mouvements conscients du corps viennent de l'âme. Il est à retenir que nos aliments vont dans le corps pour nous nourrir. Mais l'homme vit aussi de toute parole qui sort de la bouche de Dieu. Ici c'est l'âme qui se nourrit. Mt.4 :4

3. Le Saint-Esprit c'est Dieu, la puissance relationnelle[16] capable de nous conduire dans toute la vérité, de maintenir le rapport entre le visible et l'invisible, le concret et l'abstrait, entre la terre et le ciel, entre le temps et l'éternité. Son rôle est de nous rendre semblables à Dieu par une vie sanctifiée. Ainsi le monde sans Dieu a le corps et l'âme. Jésus dit que le monde ne peut recevoir le Saint-Esprit. Le chrétien au contraire, a le corps, l'âme et l'Esprit. Il reçoit le don du Saint-Esprit à la conversion. Jn.14 :17; Ac.2 :38 ; 1Th.5 :23 Ainsi Dieu le Père veut nous voir fonctionner comme lui. Il envoie Jésus

---

[14] Immatériel adj. Qui n'a pas de corps
[15] Astral. Relatif aux astres, au corps céleste en tant qu'il est supposé influer sur la vie des hommes.
[16] Relationnel adj. relative aux relations entre les individus

nous chercher. Nous serons semblables à lui. Nous partagerons sa gloire. Le paradis perdu en Adam est retrouvé en Jésus-Christ.
1Jn.3 : 2 ; Ap.22 : 3-5

Conclusion
Voyez quel amour le Père nous a témoigné pour que nous soyons appelés enfants de Dieu ! 1Jn.3 :1 Servons-le jour et nuit dans l'attente de son avènement.

Questions

1. De quoi est composé le corps de l'homme ? De tous les éléments de la nature.

2. De combien de parties est formé l'homme ? De deux parties. Le corps et l'âme

3. De combien de parties est formé le chrétien ? De trois parties. Le corps, l'âme et l'esprit.

4. Quand recevons-nous le Saint Esprit ? A la conversion

5. Quel est son rôle ? Nous conduire dans toute la vérité, nous mettre en contact avec l'invisible, avec l'éternité.

Leçon 7 Son amour manifesté dans la nature

Textes pour la préparation : Ps.19 ; 103 ; 139
Texte à lire en classe: Ps.19 :1-6
Verset à réciter : Les cieux racontent la gloire de Dieu et l'étendue manifeste l'œuvre de ses mains. **Ps.19 :1**
Méthodes : Discours, comparaisons, questions
But: Montrer comment Dieu arrange la nature de manière à nous plaire.

Introduction
Dieu met la nature en poésie. Avant d'aller plus loin, ce n'est pas ce monde-là qu'il nous ordonne de haïr, mais plutôt le domaine où Satan établit ses activités. La nature dont nous parlons est le cosmos, la pleine nature où Dieu applique son empreinte digitale pour lui donner la forme, la beauté, la couleur et la remplir de musiques.

I. Il met la nature en poésie par les sons
 1. *Des animaux chantent* : le coq chante, le rossignol chante, le corbeau croasse, le pigeon roucoule, le paon criaille, l'abeille bourdonne, la grenouille coasse, le corbeau croasse, le canard cancane, la cigale stridule, le cheval hennit, l'âne brait, le bœuf beugle, l'éléphant barrit, le renard glapit, le lion rugit, le porc grogne, le chien aboie, le chat miaule, la brebis bêle, le serpent siffle.

2. *La nature chante* : le vent siffle, l'orage gronde, les vagues chantent, le ruisseau murmure, le torrent gronde.

Imaginez-vous en pleine nature en face de tous ces animaux rangés en une chorale magistrale de cent mille voix, sous l'habile direction d'un séraphin, pour exécuter un hymne au Dieu Tout-puissant ! Imaginez comme décor un soleil qui sombre dans le couchant, au moment où la lune se montre timidement à travers des nuages et qu'une bise légère charrie vers vos narines les parfums d'un chevalier de nuit, d'un nénufar, d'un ilang-ilang... alors, vous vous surprendrez à y mêler votre voix en chantant :« Alors mon cœur redit la nuit, le jour, rien n'est plus grand que ton amour. »

II. Il met la nature en poésie par les formes et les couleurs.

Le grand peintre[17] nous offre chaque jour un tableau différent au lever et au coucher du soleil dans une nature changeante où l'homme ne pourra jamais s'ennuyer.

Les peuples diffèrent en couleur et en forme. Les plantes de même ainsi que les oiseaux et les animaux. On ne peut s'ennuyer avec Dieu.

III. Il met la nature en poésie par les parfums.

---

[17] Le grand peintre. Terme poétique, mis pour Dieu

Combien ne connaissez-vous pas de plantes odoriférantes ?[18] Certaines dégagent leur parfum au toucher. A ce titre, il nous faut citer le basilic, l'anis vert, le baume, la menthe, la citronnelle, le bois de santal, le vétiver et les épices comme le cinnamone (cannelle), le thym, le persil, le cèleri. D'autres dégagent leur parfum dans la brume du soir ou au lever du soleil. Pourquoi ne pas mentionner les fleurs du laurier, du jasmin, du lys, du chevalier de nuit, du buis et d'autres plantes où les abeilles viennent butiner [19] pour nous produire le miel ?

IV. Questions à nous poser. D'où nous viennent nos médicaments, notre nourriture, nos loisirs, si ce n'est d'un Dieu plein d'amour ?

Conclusion
Quel beau monde où Dieu a tout prévu pour le bien-être de l'homme ! Quelle désolation de le voir défiguré par le péché ! Heureusement Dieu a en réserve pour nous les choses les meilleures. Accrochons-nous à cette promesse.

---

[18] Odoriférant adj. Aromatique
[19] Butiner. Aller de fleur en fleur pour ramasser du pollen ou du nectar

Questions

1. Comment Dieu nous montre-t-il son amour dans la nature ?
   En la dotant de tout pour le bien-être de l'homme

2. Que veut dire l'expression « N'aimez point le monde » ? Le domaine où règne le diable

3. Que nous faut-il apprécier ? Le cosmos, les œuvres de Dieu dans la nature.

4. Citez cinq cris d'animaux

5. Citez cinq plantes à parfum

Leçon 8 Son amour manifesté par sa prévoyance

Textes pour la préparation : Ps.103 ; Ge. 2 :5-25 ; 2R.20 :7; Lu.7 :14 ; Jn.9 :14
Texte à lire en classe: Ge.2 :5-9
Verset à réciter : Mon âme, bénis l'Eternel ! Que tout ce qui est en moi bénisse son saint nom ! Mon âme, bénis l'Eternel, et n'oublie aucun de ses bienfaits ! **Ps.103 :1-2**
Méthodes : Discours, comparaisons, questions
But: Montrer l'œuvre d'un Dieu Providence

Introduction
Avant de faire venir l'homme sur la planète, Dieu avait tout prévu. Jusqu'à présent il travaille dans l'expansion de l'univers. Voyons un peu de son œuvre.

I. Au Jardin d'Eden, il bâtit un hôpital
1. Si vous êtes malade et que vous refusez d'aller à l'hôpital, je respecte votre conviction. Je vous dirai seulement que dès la conception de la femme, la première chose que Dieu a faite était d'ouvrir un hôpital. Je m'explique :
2. Il appliqua à Adam une anesthésie[20] générale pour en tirer une côte et s'en servir pour « composer » la femme. L'intervention chirurgicale était si bien réussie, que l'homme, à son réveil susurra

---

[20] Anesthésie. Perte locale ou générale de la sensibilité

une romance[21], une belle poésie à l'endroit de sa femme : « Voici cette fois, celle qui est l'os de mes os, la chair de ma chair. Tu es ma *Isha*, tu es ma femelle ». C'était implicitement sa façon de féliciter Dieu pour ce chef d'œuvre.
3. Il remplit la terre de plantes médicinales destinées à la fabrication de nos remèdes. Et vous n'allez pas comprendre pourquoi, en avalant un médicament ou en prenant une injection, les ingrédients aillent directement au mal à traiter. Mais, dans bien des cas, Dieu intervient lui-même pour guérir la maladie ou pour dicter la prescription :
   a. Une masse de figue pour guérir le roi Ézéchias d'un ulcère mortel. 2R.20 :7
   b. Une pincée de boue pour donner la vue à l'aveugle-né. Jn.9 : 14
   c. Un mot pour ressusciter un mort. Lu.7 :14

II. **Des réserves inépuisables de combustibles fossiles.**[22]

D'après les scientistes, la Terre apparait dans l'univers en même temps que Mars et sont vieilles de 4 billions 300 millions années. Et depuis, Dieu a mis dans la terre des réserves de combustibles fossiles de toutes les variétés devant alimenter aujourd'hui nos usines, nos

---

[21] Romance nf Chant sentimental à strophes avec accompagnement instrumental

[22] Combustible fossile. Se dit du pétrole, du charbon et du gaz naturel

moteurs et favoriser le développement de la technologie. Si vous doutez, allez en Iraq, à Koweït, en Afrique, au Venezuela, aux Texas, en Alaska ; vous m'en donnerez des nouvelles.

III. **Des pierres et des métaux précieux**
Qu'ils sont beaux les marbres d'Italie! Que dire des pierres précieuses de l'Afrique du Nord et du diamant noir de l'Afrique du Sud? Que dire de l'or de la rivière Pactole en Turquie, de l'or du Pérou, d'Alaska, d'Haïti ? De l'argent en Argentine.

IV. **Des arbres de hautes futaies**[23]
Dieu les a créés pour servir à nos constructions, pour conserver les cours d'eaux qui arrosent nos champs.

V. Les métaux ordinaires entrent dans la construction de nos maisons, de nos engins mécaniques et dans nos infrastructures routières.

Conclusion

---

[23] Futaie nf. Forêt provenant de semis ou de plantations, pour la production d'arbres de grande dimension au fût élevé et droit.

L'homme en a assez pour écrire, pour décrire, pour faire et s'en souvenir. Si vous êtes paresseux ou ennuyé, dites-moi qui est votre père.

Questions

1. Quel était le premier acte de Dieu pour la formation de la femme ? Il ouvrit un hôpital

2. Comment forma-t-il la femme ? A partir d'une côte de l'homme

3. Pourquoi l'homme s'attache-t-il à sa femme ? Parce qu'elle est sortie de l'homme.

4. Pourquoi tant de plantes, de métaux, de cours d'eaux ?

5. Pour le bien-être de l'homme.

6. Peut-on nier la guérison divine ? Non. Dieu l'exerce pour sa gloire et pour notre bien.

Leçon 9 L'amour manifesté par sa présence

Textes pour la préparation : Ps. 16 :8 ; 34 :8 ; 46 :9 -10 ; 91 :1 ; 104 :20-23 ; 121 ; 127 :2 ; 140 :8 ; Mt.18 :20 ; Jn.9 :4 ; Ac.2 :17 ; Ph.4 :6 ;
Texte à lire en classe: Ps.121
Verset à réciter : Car là où deux ou trois sont assemblés en mon nom, je suis au milieu d'eux. **Mt.18 :20**
Méthodes : Discours, comparaisons, questions
But: Présenter Dieu dans la trame[24] de notre existence.

Introduction
Qui ici ne peut témoigner de la présence de Dieu dans sa vie ? A moins d'être chrétien que de nom.

I. Sa présence dans nos prières
Il suffit d'invoquer son nom pour qu'il se manifeste. Mt.18 :20

II. Son intervention pendant notre sommeil
Il ne sommeille ni ne dort, lui, le gardien d'Israël. Ps.121: 4
Il nourrit ses enfants pendant leur sommeil. Ps.127 :2
Il leur donne des visions extraordinaires. Ac.2 :17
Il entend que les plantes soient gardées hors de la maison parce qu'elles dégagent pendant la

---

[24] Trame. Ici au fig. Ce qui constitue le fond sur lequel se détachent les événements marquants. *La trame d'un récit.*

nuit, le gaz carbonique dangereux à la respiration. Par contre, ces mêmes plantes dégagent l'oxygène pendant le jour pour entretenir sa vie.

Dieu a raison de dire « que la nuit est faite pour les bêtes sauvages pour chercher leur nourriture. A ce moment, l'homme dort. « La nuit vient où personne ne peut travailler, » dit Jésus. Si vous changez ce principe, c'est à votre risque et péril. Ps.104 :20-23 ; Jn.9 :4
Vous allez développer certaines maladies telles que le cancer, la tension artérielle et le diabète et d'autres complications que votre salaire ne pourra pas compenser.

III. Son intervention à l'heure des grandes décisions. Pour un voyage, pour le choix d'une carrière, d'un partenaire de travail ou de mariage. Ps.121 :8
Vous n'avez qu'à l'appeler pour obtenir la réponse. Jn.14 :14 ; Phil.4 :6

IV. Son intervention à l'heure du danger.
1. Il campe autour de ceux qui le craignent et les arrache au danger. Ps.34 :8
2. Il couvre leur tête au jour du combat. C'est en vue de détourner leurs yeux sur les manœuvres qu'il déploie pour les délivrer. Autrement, l'homme serait pris de panique. Ps.140 :8

3. Il les dote[25] d'un système de défense invincible pour les garantir des assauts de l'adversaire. Ps.91 :1
4. Quand la bataille est achevée, c'est à ce moment qu'il leur dit : « Venez voir les ravages que j'ai opérés sur la terre » Ps.46 : 9
5. C'est à lui de donner le coup de sifflet final pour faire cesser les combats jusqu'au bout de la terre. Ps.46 : 10
Il s'appelle « l'Eternel des armées » Il n'a jamais perdu une bataille depuis la rébellion de Lucifer jusqu'à celui d'Hitler ou des forces invisibles actuelles. Quand il est à ma droite, dit le psalmiste, je ne chancelle pas. Ps.16 :8 Et pourquoi ne pas rester à ses côtés ?

Conclusion
Songez seulement qu'il est un Dieu jaloux. N'ayez aucun autre dieu devant sa face.

---

[25] Doter. Pourvoir

Questions

1. Montrez que Dieu est très sensible à son nom
   Quand deux ou trois sont unis en son nom, il est là au milieu d'eux.
2. Que fait-il quand nous dormons ?
   a. Il nous nourrit.
   b. Il nous garde de tout mal
   c. Il nous donne des visions extraordinaires.
3. Que dit Jésus à propos de la nuit ?
   a. C'est le moment où personne ne peut travailler
   b. C'est le moment où les bêtes sauvages sortent de leurs tanières pour chercher leur nourriture.
4. En quoi le travail de nuit peut-il nous affecter ?
   Nous pourrons développer le cancer, le diabète et la tension artérielle.
5. Où Dieu se tient-il dans nos grandes décisions ?
   Là où nous faisons appel à lui.
6. Où est-il quand nous sommes en danger ?
   Exactement là où nous faisons appel à lui.
7. Pourquoi Dieu nous couvre-t-il la tête au jour du combat ?
   Pour dissiper notre panique. C'est lui qui combat et non pas nous.

Leçon 10 Ce qui est vrai de l'amour de Dieu

Textes pour la préparation : Ps. 46 :1 ; 103 :13-22 ; 116 :15 ; Jé.5 :22 ; Mt.18 :20 ; Ro.8 :32 ; Col.3 :3 ; Ja.1 :17
Texte à lire en classe: Ps.103 :13-22
Verset à réciter : Toute grâce excellente et tout don parfait descendent d'en-haut, du Père des lumières chez lequel il n'y a ni changement ni ombre de variation. **Ja.1 :17**
Méthodes : Discours, comparaisons, questions
But: Parler de l'amour constant de Dieu envers nous.

Introduction
Certaines constatations mettent en évidence l'amour de Dieu dans une dimension inimaginable. Voyons-les

I. Dans les limites de l'homme
Dieu donne à la mer des limites qu'elle ne pourra pas franchir. Les animaux et les choses ont une dimension et une durée d'âge limitées. Quant à l'homme, Dieu met l'éternité en lui. Autant dire que la possibilité du futur est déjà en lui. Ainsi l'homme n'a pas de limite. Ec. 3 :11 ; Jer.5 :22 ; Jn.10 :28

II. Dans la suite des saisons
Le printemps, l'été, l'automne, l'hiver. Elles nous viennent successivement chaque trimestre. Dieu reste le même hier, aujourd'hui et éternellement. Il n'a pas de saison ni ombre

de variation. Il est là pour nous bénir en tout temps. Ps.46 :1 ; Ja.1 :17

III. Dans l'orientation
Il y a quatre points cardinaux : le nord, le sud, l'est et l'ouest. Notre Dieu n'a pas de points cardinaux. Il n'a pas de façade. Dieu n'a pas de dos » L'expression « Tourner le dos » est un langage anthropomorphique[26] pour signifier le jugement de Dieu contre quelqu'un ou contre une nation. Jé.18 :17

IV. Dans le bonheur
Le bonheur pour lui n'est pas défini par l'âge, par la richesse, le pouvoir ou la popularité. Le bonheur qu'il nous réserve est le partage de sa gloire à venir. Col.3 :3

V. Dans la mort
1. La mort du chrétien n'est pas un châtiment ni une perte. Paul dira que la mort est pour lui un gain. David dira : « Elle a du prix aux yeux de Dieu, la mort de ceux qui l'aiment. » Ps.116 :15
2. Au fait, qui peut lui reprocher la mort d'un bien-aimé, lui qui n'a pas épargné son propre Fils ? Ro.8 :32
3. Il a vaincu la mort pour nous frayer un chemin de la mort à la vie. Ainsi il nous délivre de la peur.

---

[26] Langage anthropomorphique *Theol.* Langage d'homme adopté par Dieu pour s'adresser aux hommes.

4. Il a supprimé la distance entre le ciel et la terre pour venir laver nos péchés sans se munir de gants ou de masque, mais en ouvrant sa main d'amour et de miséricorde insondable.
5. Il l'a supprimée d'autant plus qu'il est toujours prêt à nous entendre. Quand deux ou trois sont assemblés en son nom, il est déjà là. Mt.18 :20

Conclusion
Voilà le Dieu qui nous aime et nous le prouve chaque jour. Il nous aime au point d'en être jaloux. Ja.4 :5 Vivons et mourons pour lui plaire.

Questions

1. Dites parmi les œuvres de Dieu celle qui n'a pas de limite. L'homme

2. Pourquoi ? Il a insufflé l'éternité en lui.

3. En quelle saison Dieu peut-il mieux nous bénir ? En toutes saisons

4. Pourquoi ? Dieu n'a pas de saison.

5. Choisissez la façade où Dieu entend mieux nos prières.
   Dans tous les points cardinaux

6. Pourquoi ? Dieu n'a pas de façade. Il est Esprit

7. Pourquoi le chrétien n'a-t-il pas peur de mourir ?
   Parce que la mort est un gain et non une perte.

Leçon 11 Le triple reniement de Pierre

Texte pour la préparation : Ps.1 :1-6 ; Mt. 14 :22-33 ; 16 : 22-23 ; 26 : 69-75 ; Lu.22 : 54-62 ; Jn.18 :10-11
Texte à lire en classe : Lu.22 :54-62
Verset à réciter : Ils font profession de connaitre Dieu, mais ils le renient dans leurs œuvres étant abominables, rebelles et incapables d'aucune bonne œuvre. **Ti.1 :16**
Méthodes : Discours, comparaisons, questions
But : Nous retrouver en Pierre dans son lâche et fatal reniement.

Introduction
Que celui qui se croit debout prenne garde de tomber. Pierre peut vous en dire long. Que lui était-il arrivé ?

I. **Il renia son maître trois fois de suite.**
   1. Il renia Jésus devant une servante. Mt.26 :71
   2. Il renia sa congrégation devant une autre servante. Mt.26 : 73
   3. Il renia son origine devant un autre individu. Mt.26 : 69

II. **Causes de ces reniements**
   1. Il suivait Jésus de loin. Ce détachement suffisait pour assécher sa vie spirituelle. Lu.22 :54
   2. Il s'assit en compagnie des moqueurs, des ennemis du Seigneur et s'y sent confortable. Lu.22 :55

3. Il croyait sans doute que son diplôme de trois ans d'étude aux pieds du maître suffisait à le préserver de la chute.
4. Il ignorait que la force pour nous garder de la chute doit venir du Saint-Esprit. Jud. 24
5. Il oubliait que, malgré la présence de Jésus, il allait succomber à cause de sa faible foi. Mt.14 : 29-30
6. Il oubliait que pour un écart de langage, Jésus l'avait admonesté[27] en lui disant : «Arrière de moi Satan». Mt.16 :22-23 Voilà comment, pour défendre l'Evangile, il croit devoir emporter l'oreille de Malchus. Jn.18 : 10-11

III. Inconsistance[28] de ses mensonges. Lu.22 :54-59
1. Son accent de Galiléen le trahit. Il ne peut cacher son origine.
2. Son attitude peu rassurante le trahit ; il ne peut cacher son tempérament primesautier[29] ni son éducation de pêcheur de poisson. Les mots incurables lui venaient sans difficultés Mt.26 :74
3. Ses jurons[30] enfin le trahissent. Le vieil homme reprend ses droits immédiatement.

IV. Avertissement pour nous aujourd'hui

---

[27] Admonester v.t Réprimander
[28] Inconsistance. *fig.* manque de fermeté morale, de caractère
[29] Primesautier. Adj Qui manifeste de la spontanéité.
[30] Juron nm Expression grossière, blasphématoire

1. Gare à vous qui croyez que votre trophée à l'Ecole du dimanche, votre degré de bachelier sont des boucliers de protection contre la chute. Lucifer avait chuté avec plus de connaissance que vous.
2. Les activités dans l'Église, dans le groupe ou les chorales, ne pourront jamais impressionner Satan.

Conclusion
Livrez-vous tout entier à Jésus qui peut vous préserver de toute chute. Son amour et sa puissance vous garderont à l'heure de la tentation.

Questions

1. Combien de fois Pierre a-t-il renié son maître ?
   Trois fois
2. Quelles étaient les causes de ce triple reniement ?
   a. Il suivait Jésus de loin
   b. Il s'assied en compagnie des moqueurs
   c. Il se fiait à ses connaissances théologiques
   d. Il n'avait pas encore reçu le Saint Esprit
   e. Sa foi était très faible
   f. Il pensait défendre l'Evangile par la force.
   g.
3. Prouvez l'inconsistance de ses mensonges
   a. Il ne pouvait cacher son origine galiléenne
   b. Il ne pouvait cacher son éducation de pêcheur de poisson.
   c. Ses jurons ne sont pas familiers aux gens de Jérusalem

4. Quelles leçons pouvons-nous en tirer aujourd'hui ?
   a. Nos connaissances bibliques et académiques ne peuvent nous empêcher de chuter.
   b. Ces atouts ne peuvent impressionner Satan.

Leçon 12 Le triomphe de l'amour

Textes pour la préparation : Mc.16 :7 ; Jn.21 :1-17 ; Ac.4 :19-20 ; 6 :7
Texte à lire en classe: Jn.21 :15-17
Verset à réciter : Nous savons que nous sommes passés de la mort à la vie parce que nous aimons les frères. Celui qui n'aime pas demeure dans la mort. 1Jn.3 :18
Méthodes : Discours, comparaisons, questions
But: Montrer l'amour comme base de la réconciliation

Introduction
A lire Jean 21 :15-17, nous avons l'impression d'entrer dans un autre monde. Ce n'est pas un épilogue des discours de Jean ; mais un arc de triomphe impressionnant où l'amour seul était au rendez-vous.

I. C'est l'amour au plus haut degré
  1. Pour pardonner un renégat
  Dès sa résurrection, Jésus avait fait chercher Pierre. Car pris de honte, celui-ci a déjà démissionné comme apôtre. Mc.16 :7 La recherche du coupable était inclusivement le pardon accordé à l'avance.

  2. Pour réhabiliter un homme déprimé.
  Jésus vint au bord de la mer de Tibériade dans une tenue de vieillard, donc difficile à reconnaitre. Jn.21 : 4-5 Il le fait ainsi pour ne pas effaroucher Pierre qui devait être prêt à

s'échapper. En effet quand il arrive à reconnaitre Jésus, il s'habilla et se jeta à la mer. Jn.21 :7 Les autres disciples n'avaient pas ce problème parce que le poids de la trahison pesait moins sur leur conscience. V.8

3. **Pour restaurer [31]une amitié détériorée**
   Il prend un repas avec eux et les propos de table étaient certes bien détendus. Jésus propose ce qu'il veut manger de leur menu. V.10
   Apporte-moi, dit-il, des poissons que vous venez de prendre.
   Il les invite à s'approcher pour prendre le repas avec lui. V.11
   Finalement, il s'adresse seulement à Pierre sur la question qui l'intéresse. Jn.21 :15

4. **Pour convertir un ennemi en défenseur farouche jusqu'au martyr.**
   1. Il lui dit : M'aimes-tu plus que ne m'aiment les autres disciples ? Il emploie Agapè, l'amour idéal. Pierre répond en disant « tu sais que je t'aime. Il emploie *phileo*. Je t'aime vraiment, Seigneur mais pas à ce point. Phileo c'est l'amour au second degré.
   2. Il lui pose la même question en employant le verbe Agapè. Pierre répond en employant encore le verbe *phileo*
   3. Mais puisque Pierre avait décidé de défendre Jésus et au contraire, il l'avait

---

[31] Restaurer. Rétablir, remettre en bon état

renié **trois fois**, il lui touche la conscience en lui posant la question **trois fois** aussi. Cette troisième fois, Jésus emploie ***Phileo,*** le verbe employé par Pierre. En d'autres termes, puisque vous ne pouvez m'aimer au plus haut degré, je l'accepte. Mais est-ce-que au moins vous m'aimez au niveau de l'amitié ? Pierre avait honte et dit enfin « Seigneur, tu sais toutes choses, tu sais que je t'aime ».
4. Mais à chaque réponse, Jésus lui demande de « paitre ses brebis ».

C'est pour nous aujourd'hui un rappel à savoir que *nos enfants, les fidèles de l'Église ne sont pas la chose des parents ou du pasteur*, mais les brebis du Seigneur dont nous avons la garde et de qui il nous faut un jour rendre compte. V.15, 16, 17

II. Comment Pierre s'est-Il racheté ?
1. Il défendit avec courage le ministère de la Parole. Ac.4 :19-20
2. Il se réjouit d'avoir à souffrir des humiliations pour le nom de Jésus. Ac.5 : 40-41
3. Il prêcha la Parole avec hardiesse et conviction au point que 5,000 juifs, des tenants[32] de la Loi et du Sabbat se sont donnés au Seigneur. Ac.4 :4 Dans la suite, on ne pouvait compter la foule de

---

[32] Tenant nm. Celui qui se fait le champion, le défenseur d'une opinion

sacrificateurs convertis au Christianisme. Ac.6 :7

Conclusion
Avant d'avoir été notre ennemi, nous avions eu un intérêt à avoir la personne pour ami. Faites comme Jésus, rachetez nos ennemis. Ils pourront se justifier en devenant des fanatiques pour notre cause.

Questions

1. Comment Jésus avait' il gagné Pierre ?
   Par le pardon

2. Dans quelle circonstance ?
   Il l'invite à dîner en compagnie des autres disciples.

3. Était-ce chose facile ? Non

4. Pourquoi ?
   Pierre se jeta tout habillé à l'eau quand il vit Jésus.

5. Fait' il mention du reniement de Pierre ?
   Jamais

6. Quelle était son approche ?
   Il lui demande s'il l'aime

7. Pourquoi a-t-il fait cette question trois fois ?
   Parce que Pierre l'avait renié trois fois.

8. Comment Pierre s'était' il racheté ?
   a. Il défendit le ministère de Jésus-Christ avec courage.
   b. Il se réjouit d'avoir à subir des outrages pour le nom de Jésus.

Récapitulation des versets

Leçon 1
Dieu est amour
Celui qui n'aime pas, n'a pas connu Dieu, car Dieu est amour. **1Jn.4 :8**

Leçon 2
Son amour dans la rédemption de l'homme
Mais Dieu prouve son amour envers nous, en ce que, lorsque nous étions encore des pécheurs, Christ est mort pour nous. **Ro.5 :8**

Leçon 3
Son amour lié à sa justice.
Car, lorsque nous étions encore sans force, Christ, au temps marqué, est mort pour des impies. **Ro.5 : 6**

Leçon 4
Son amour dans la permanence de notre salut
Et celui qui nous affermit avec vous en Christ, et qui nous a oints, c'est Dieu, lequel nous a aussi marqués d'un sceau. **2Co.1 :21-22a**

Leçon 5
Son amour dans le mécanisme de la rédemption
Que le péché ne règne donc point dans votre corps mortel et n'obéissez pas à ses convoitises. **Ro.6 :12**

Leçon 6
Son amour manifesté dans notre nature
Je te loue de ce que je suis une créature si merveilleuse. Tes œuvres sont admirables, et mon âme le reconnait bien. **Ps.139 : 14**

Leçon 7
Son amour manifesté dans la nature.
Les cieux racontent la gloire de Dieu et l'étendue manifeste l'œuvre de ses mains. **Ps.19 :1**

Leçon 8
Son amour manifesté par sa prévoyance
Mon âme, bénis l'Eternel ! Que tout ce qui est en moi bénisse son saint nom ! Mon âme, bénis l'Eternel, et n'oublie aucun de ses bienfaits ! **Ps.103 :1-2**

Leçon 9
L'amour manifesté par sa présence
Car là où deux ou trois sont assemblés en mon nom, je suis au milieu d'eux. **Mt.18 :20**

Leçon 10
Ce qui est vrai de l'amour de Dieu
Toute grâce excellente et tout don parfait descendent d'en-haut, du Père des lumières chez lequel il n'y a ni changement ni ombre de variation. **Ja.1 :17**

Leçon 11
Le triple reniement de Pierre
Ils font profession de connaitre Dieu, mais ils le renient dans leurs œuvres étant abominables, rebelles et incapables d'aucune bonne œuvre. **Ti.1 :16**

Leçon 12
Le triomphe de l'amour
Nous savons que nous sommes passés de la mort à la vie parce que nous aimons les frères. Celui qui n'aime pas demeure dans la mort. **1Jn.3 :18**

Série 2

La justice de Dieu et la justice des hommes

Avant-propos

En parlant de la justice, il voguait loin de notre imagination l'idée de faire de la littérature. Si les termes «coupable et innocent, bourreau et victime, tort et raison» existent ; si les termes «châtiment et récompense, bénédiction et malédiction» existent ; si les termes «justice et injustice» existent ; les termes comme le «Droit, la Loi et la Justice» doivent exister et les gens pour les appliquer, «le juge, l'avocat, l'agent de Police» ont, par conséquent, leur raison d'être.

Ce n'est pas l'homme qui prête à Dieu un langage pour définir le bien et le mal, le bonheur et le malheur, le ciel et l'enfer. Puisque tout homme est doté d'une double nationalité, il doit obéir aux principes de la territorialité. Pour toutes les fautes commises et connues sur terre, il est justiciable d'un tribunal humain. Pour toutes les fautes ouvertes ou cachées, il est justiciable du Grand Tribunal de Dieu au jour du jugement dernier. Nul ne pourra s'y échapper.

Dans son Sermon sur la Montagne, dans ses discours eschatologiques, et tout au long de son ministère, le Seigneur en a fait état. Tous les apôtres en ont parlé d'une manière expresse. Que nul désormais ne voit en Jésus seulement le Sauveur des pécheurs, mais aussi le juge impartial, et le feu dévorant pour punir les rebelles.

L'auteur

Leçon 1 La justice de Dieu, une disposition éternelle

Texte pour la préparation: Ex.20:5; Lé.11:44; No.14:18; Es.45:22; 57:15; Jé.30:11; Ez.18:20; Ha.1:13; Jn.3:14-19, 36; 2Co.5:10; Pi.1:15;
Texte à lire en classe: Jn.3:14-19
Verset à réciter: Car il nous faut tous comparaitre devant le tribunal de Christ, afin que chacun reçoive selon le bien ou le mal qu'il aura fait étant dans son corps. 2Co.5:10
Méthodes: Discours, comparaisons, questions
But: Présenter la justice de Dieu comme un état absolu de son caractère.

Introduction
J'ai un frisson dans le dos, me confia Lestel, quand je dois passer devant un bureau de Police. Au fait, peut-on éviter les maisons de correction? Est-ce que la justice est une invention humaine? D'où vient-elle?

I. **La justice vient de Dieu.**
   1. Elle exprime sa sainteté. Ses yeux sont trop purs pour voir le mal. Hab.1:13
   2. Il prend la sainteté pour barème de justice.
      a. C'est vrai qu'Il habite dans les lieux élevés et dans la sainteté. Mais il est avec l'homme contrit et humilié pour le réhabiliter. Es.57:15
      b. C'est bien vrai qu'il est un Dieu de miséricorde, mais il exerce sa justice jusque dans l'enfer dans la

manifestation de sa juste colère contre les rebelles, les impénitents. Jn.3:36
c. En tant que notre Père, il exige de nous une sainteté semblable. Lév.11:44; 1Pi.1:15

II. Elle n'est ni négociable, ni interchangeable

1. Le mal doit être puni. Le Dieu toujours prompt à défendre Israël et à le bénir, ne manquera pas de lui dire: "Je te châtierai avec équité, je ne puis pas te laisser impuni.» Jé.30:11
2. La justice de Dieu ne change pas de place. Il revient à l'homme de se repentir. Puisque depuis le jardin d'Eden il est en fuite devant Dieu, c'est à lui de revenir au créateur. «Tournez-vous vers moi et vous serez sauvés; si loin que vous soyez, même jusqu'aux extrémités de la terre, revenez, car je suis Dieu, et il n'y en a point d'autre». Donc, ne perdez pas votre temps à chercher un autre alternative et surtout ne prenez pas de chance. Es.45:22
3. D'ailleurs, un dédommagement ne pourra pas tenir. Avec Dieu, le pécheur ne pourra pas négocier le pardon en lui offrant quoi que ce soit. Les services rendus à l'Eglise, les dons faits au prochain, l'assiduité dans les services ne remplaceront jamais la confession sincère et la vraie repentance en vue du pardon.

III. Elle est divine

1. Dieu met en question la faute du coupable. Le prix qu'il doit payer est personnel. L'âme qui pèche est celle qui mourra. Ez.18:20 Cependant, cette justice peut affecter ses enfants jusqu'à la quatrième génération. Ex.20:5
2. Dieu ne garde pas rancune au pécheur repentant quelle que soit la gravité de la faute. Ps.103:9
3. Il est impartial et ne fait rien par favoritisme. Par contre, Il ne tiendra pas le coupable pour innocent. No.14:18
4. Il a son heure, son lieu et sa façon de punir. Nul ne saurait lui en dicter des conseils. Ac.17:31

Conclusion

Ce jour arrivera toujours trop tôt. Prépare-toi dès maintenant à rencontrer Dieu.

Questions

1. Qu'est-ce qui exprime la justice de Dieu?
Sa Sainteté

2. Qu'est-ce que Dieu attend de ses enfants?
Qu'ils soient saints

3. Comment Dieu agit-il à l'endroit du coupable?
   a. Il ne le tient pas le coupable pour innocent
   b. Il ne fait rien par faveur.
   c. La punition est personnelle

4. Que fait-il en enfer? Il manifeste sa justice en exprimant sa juste colère contre les incrédules.

5. Dieu oublie-t-il de punir? Non. Il a son heure, sa façon et son lieu pour le faire.

6. Que peut-on offrir à Dieu pour éviter une punition? Rien

7. Qu'est-ce qu'il attend de nous? La confession et la repentance.

Leçon 2 La justice de Dieu, une disposition incontournable

Texte pour la préparation: Ge.7:17-21; Ex.32:1-5; No.10: 11; 13:25; 14:22-23; 20:9-12; Lé.10:1-3; Ez.18:20; Ac.17:30-32; Ro.1:20; 2Pi.3:9
Texte à lire en classe: Ac.17:30-32
Verset à réciter: Dieu, sans tenir compte des temps d'ignorance, annonce maintenant à tous les hommes, en tous lieux, qu'ils aient à se repentir, parce qu'il a fixé un jour où il jugera le monde selon la justice. **Ac.17:30-31a**
Méthodes: discours, comparaisons, questions
But: Mettre les chrétiens en garde contre toutes formes de négligence dans l'affaire du salut.

Introduction
Avez-vous remarqué le calme des juges en siège au tribunal? Ils ne s'empressent pas de prononcer un verdict parce que la sentence, une fois prononcée, ne peut être rétractée. En vérité, ils l'ont appris quelque part. Allons à la Bible et consultons le grand juge.

I. Dieu est lent à prononcer des arrêts de justice.
1. Sur les incrédules du temps de Noé. Ge.7:17-21.
   Ils croyaient qu'à leur noyade dans le Déluge, tout était fini. Après avoir passé plus de 4000 dans le séjour des morts, ils reçurent leur sentence de la bouche de Jésus. En effet durant les trois jours qu'il passa au

sein de la terre, la Bible dit qu'il était allé prêcher aux esprits en prison. Il était allé les avertir du châtiment qui les attendait. Ils avaient perdu leur chance de se repentir à la prédication de Noé; ils doivent maintenant être prêts pour le jugement dernier. 1Pi.3:18-20

2. Pour prêcher, la Bible emploie ici le terme Kerusso ou proclamation et non Euanggelio Bonne nouvelle. C'était pour eux une mauvaise nouvelle. Dieu ne saurait faire injure à Noé en graciant ces moqueurs.

3. Sur les incrédules du temps de Moise
   a. Israël a passé deux ans avec l'Eternel aux pieds du Sinaï. No.10:11. L'entrée à Canaan aurait été l'affaire de 40 jours. No.13:25
   Dans leur désobéissance, Dieu les fit errer 40 ans dans le désert, le temps de décimer les millions de juifs incrédules. No.14:22-23
   b. Moise et Aaron son frère n'y entraient pas non plus. No.20:9-12
   Moise pour n'avoir pas sanctifié son nom devant les enfants d'Israël dans leur contestation aux eaux de Meriba et Aaron pour avoir eu beaucoup de charges dans son dossier, telle l'affaire du veau d'or qu'il avait fondu sur la demande du peuple, la tolérance envers ses enfants Nadab et Abihu qui furent victimes de leur effronterie . Ex.32:1-5; Lé.10:1-3

   c. L'âme qui pèche c'est celle qui mourra. Ez.18:20
4. Sur les enfants de ce siècle
   Ceux-là viennent avec beaucoup de théories
   a. Sur la religion, sur l'évolution, sur l'existence de Dieu. Si vous voulez les écouter vous entendrez ceci: «La religion c'est l'opium du peuple.» Citation de Karl Marx dans son Manifeste Communiste.
      «L'homme descend du singe». Citation de Darwin dans sa théorie de l'évolution
      «Le pape est l'avocat de Dieu. Dommage que son client soit mort." Citation de Francis Picabia 1879-1953
      En effet, leur bavardage n'avait d'autre but que d'écarter Dieu de leur chemin.
   b. Certains même sont en colère contre Dieu en le rendant responsable de leur misère. Quelle lâcheté! Quand Dieu vous donne les capacités pour croire, multiplier et remplir la terre et vous voulez aujourd'hui l'accuser de votre insuccès!
   c. Quant aux autres, ils n'ont que faire de Dieu car ils s'appuient sur la science et ses merveilles. «Dieu existe si seulement on peut le prouver» disent-ils. Alors Dieu est pour eux un élément qu'on peut découvrir au laboratoire. Ils ne veulent pas exercer la foi. Paul déclare que les perfections invisibles de

Dieu, sa puissance éternelle et sa divinité, se voient comme à l'œil nu depuis la création du monde, quand on les considère dans ses ouvrages. Ils sont donc inexcusables. Ro. 1:20-21
Qu'ils sachent que Dieu ne tarde pas dans l'accomplissement de sa promesse comme quelques-uns le croient; mais il use de patience envers eux ne voulant pas qu'aucun périsse mais voulant que tous arrivent à la repentance. 2Pi.3:9

Conclusion
Frères, nous étions de leur nombre accomplissant les désirs de notre chair. Puisque Christ nous a sauvés, gardons la foi en son nom et allons à la recherche des perdus.

Questions

1. D'où vient la justice? De Dieu

2. Où l'apprenons-nous? Dans la Bible

3. Citez trois grands verdicts de Dieu. Un sur les incrédules du temps de Noé, un sur les incrédules du temps de Moise, un sur les enfants de ce siècle.

3. Qui prononcera la sentence finale aux gens du temps de Noé? Jésus-Christ

4. Quand eut lieu cette annonce? Durant ses trois jours dans le séjour des morts

5. Que veut dire Kerusso? Proclamer

6. Que veut dire Euanggelio? Evangéliser

7. Combien de temps Israël a-t-il passé dans le désert pour purger sa peine? 40 ans

9. Quel est le jugement final de Dieu? La mort éternelle.

Leçon 3 La justice de Dieu, une disposition inflexible

Texte pour la préparation: Ex.20:3; No.5: 6; 12:1, 9, 10,15; De.32:15-20; Jg.6:8; 2R.17:6; 24:1-4; 2Ch.7:17-22; Es.55:7; Am.5:3; Mt.5:22; 17:5; 25:41 ; 2Co.5:10; 2Th.1:8; 2:9-12; Hé.1:14; 4:14; 1Pi.2:8

Texte à lire en classe: De.32:15-20

Verset à réciter: Tu n'auras pas d'autres dieux devant ma face. Ex.20:3

Méthodes: Discours, comparaisons, questions

But: Montrer comment Dieu est intransigeant devant la justice.

Introduction
Quand Dieu applique une punition au coupable, il lui fait sentir l'ardeur de sa colère.

I. La punition sera proportionnelle aux dommages causés à sa réputation.
Il prévoit la peine capitale pour trois insultes.
1. La première insulte est l'idolâtrie ou l'adoration des faux dieux.
   a. C'est une insulte à la personne du Dieu réel. Israël a passé 430 ans d'esclavage en Egypte. Retenez que les Egyptiens prenaient Jéhovah pour la somme totale de leurs dieux. Quelle insulte! Voilà pourquoi, après la sortie d'Egypte, Dieu ordonna formellement à Israël de le

reconnaitre comme le seul vrai Dieu. Ex.20:3
- b. A leur refus d'obéir, Dieu les déporta du pays de promesse pour subir des humiliations en Assyrie (Iran) en Babylone (Iraq) et dans le pays des Philistins. 2R.17:6; 24:1-14; Jg.10:6-8
- c. Ne soyez donc pas étonné que dès lors, Il méprise toutes les offrandes des enfants d'Israël, depuis le beau temple de Salomon jusqu'à leurs offrandes et leurs cantiques. 2Ch.7:17-22

2. La deuxième insulte, c'est le dénigrement de l'homme qu'il a créé à son image.
   - a. Nul n'a le droit de dénigrer ou d'outrager son frère. Injurier quelqu'un en lui disant: Raca ou imbécile, c'est injurier Dieu lui-même parce qu'il l'a créé à son image. Ainsi, il est le premier offensé et le fautif peut encourir la peine capitale ou l'enfer. No.5:6; Mt.5: 22
   - b. Nul n'a le droit de discriminer sur la couleur de son prochain. Dieu a frappé Marie de lèpre, pour avoir critiqué le mariage de son frère Moïse avec une négresse. No.12:1, 9, 10,15

3. La troisième insulte et la plus grave, c'est le refus d'obéir à l'Evangile. 2Th.2:9-12
   - a. La distance du ciel à la terre n'est pas humainement mesurable. Jésus a couvert ce trajet inimaginable pour venir nous

sauver. C'est un sacrifice commandé par l'amour. Hé.4:14
Dieu l'a présenté publiquement aux hommes en disant: «Celui-ci est mon Fils bien-aimé en qui j'ai mis toute mon affection. Ecoutez-le». Mt.17:5 Le refus de l'accepter comme Sauveur est donc le plus grand affront qu'on ait pu lui faire.
   b. Ainsi au dernier jour, il siègera lui-même au tribunal pour juger les hommes. Il apparaitra du ciel avec les anges de sa puissance, au milieu d'une flamme de feu, pour punir ceux qui ne connaissent pas Dieu et ceux qui n'obéissent pas à l'Evangile. 2Thes.1:8; 1Pi.2:8
   c. Ils connaitront le châtiment éternel dans le feu de l'enfer préparé pour Satan et ses anges. Mt.25:41

Conclusion
Amis, vous descendez une pente trop dangereuse. Revenez à vous-mêmes et à ce Dieu qui ne se lasse pas de pardonner. Es.55:7

Questions

1. Citez trois cas où Dieu exerce une justice inflexible
   a. L'adoration des faux dieux
   b. L'outrage fait à l'homme, son image,
   c. Le refus d'obéir à l'Evangile

2. Citez trois pays qui avaient colonisé Israël à cause de son idolâtrie. Babylone (Iraq), l'Assyrie (Iran), le pays des Philistins.

3. Quelle est la distance du ciel à la terre?
   La hauteur et la profondeur de l'amour de Dieu

4. Qui va siéger au tribunal de Dieu au dernier jour? Jésus, notre avocat devenu juge.

5. Quel sera le châtiment des rebelles? L'enfer

Leçon 4 La justice de Dieu, une balance équilibrée

Texte pour la préparation: Ex.30:12, 15, 20, 32; Lé.1:9; Lé. Chap.5; 19:36; De.19:11-12; Esd.10:10-12; Ez.18:20; Am.8:5; 9:2-3; Mal.1:7-8; Mt.7:12; Jn.10:28; Ac.2:16-18; 20:28; Ro.12:1; 2Co.6:14, 17-18; Ph.4:8-9; Jc.4:8; 5:16; 1Pi.1:15; Ap.5:9; 6:16-17

Texte à lire en classe: Ph.4:8-9

Verset à réciter: Tout ce que vous voulez que les hommes fassent pour vous, faites-le de même pour eux, car c'est la loi et les prophètes. Mt.7:12

Méthodes: Discours, comparaisons, questions

But: Montrer comment Dieu est stricte dans ses principes.

Introduction
Par définition, la justice est l'exercice du droit et de l'équité. C'est la raison mise en code.

I. Dieu donne aux enfants d'Israël des principes qu'ils devaient respecter.
1. Dans les lois cérémonielles:
L'animal à offrir doit être sans défaut. Il doit être lavé à l'eau pure. Lé.1:9; Mal.1:7-8
Dans l'Ancien Testament, le pécheur s'identifie à l'animal qu'il offre à Dieu. Dans le Nouveau Testament, il s'offre lui-même comme un sacrifice vivant, saint et agréable à Dieu. Ro.12:1
2. Dans la manière de l'adorer.

a. D'abord, il faut que chacun paye à l'Eternel le rachat de sa personne. Le prix sera le même pour tous, car tous ont la même valeur à ses yeux. Ex.30:12,15; Ro.12:1 Après la sortie d'Egypte, les hébreux étaient redevables à l'Eternel pour leur délivrance. Ceux qui veulent l'ignorer étaient frappés d'une plaie. Ex.30:12
b. Ensuite, il faut être purifié. Dieu est saint. Il réclame la sainteté de ses fils. Par contre, la confession des péchés était obligatoire. Ex.30: 20; Jc.4:8; 5:16
c. Enfin, il faut être rempli du Saint-Esprit. L'onction dont il était question dans l'Ancien Testament, est le symbole du Saint Esprit qui marque la vie du chrétien. Ex.30:30-32; Ac.2:16-18; 1Pi.1:15

3. Dans les lois sur les relations humaines
   a. Les transactions commerciales:
      Nul n'a le droit de tricher dans les affaires avec son prochain. Lé.19:36; Am.8:5
   b. Le mariage:
      Les deux conjoints doivent être de nationalité juive. Dans le cas contraire, c'est une trahison à l'Eternel. Autant dire qu'un chrétien ne doit pas se marier à un païen. C'est une insulte à l'Eternel. Esd.10:10-12; 2Co.6:14,17-18
   c. L'extradition du coupable.

Le criminel ne l'est pas moins en traversant la frontière. Il doit comparaitre devant ses juges naturels pour recevoir sa sentence. Ainsi un Etat dit requis, doit livrer à un autre Etat dit requérant, un criminel refugié sur son territoire, en vertu des clauses du Droit Pénal International. De même, il n'y aura aucune voie de recours pour le coupable au jour du jugement de Dieu. Tous les morts en terre ou dans la mer doivent être «extradés». De.19:11-12; Am.9:2-3; Ap.6:14-17

d. Le contrat de vente d'un immeuble. Autrefois, il se faisait par accord mutuel entre les parties. Il consistait dans le dépouillement volontaire d'un bien en faveur de l'autre partie qui l'accepte. Les parties font une saignée sur leur bras et apposent leur sang sur le papier. D'où le terme «signature». Par là on s'engage sur son honneur et sur sa vie à respecter le contrat.

Jésus s'est engagé à obtenir l'Eglise au prix de son sang, c'est-à-dire au prix de son honneur et de sa vie. Lui seul à signé pour l'Eglise. Nul ne peut la ravir de sa main. Jn.10:28; Ac.20:28; Ap.5:9

Conclusion
Ainsi la justice de Dieu est équilibrée. Elle est une pour tous. S'il en était ainsi sur la terre!...

Questions

1. Définissez la justice. C'est la raison mise en code.
2. Dans quelle condition devait être présenté l'animal pour le sacrifice? Sans défaut
3. Dans quelle condition devait être présenté le sacrifice de nous-mêmes à Dieu? Un sacrifice vivant, saint et agréable à Dieu.
4. Comment fallait-il adorer Dieu après la sortie d'Egypte?
   a. Il faut que chacun paye à l'Eternel le rachat de sa personne.
   b. Il faut confesser ses péchés et être purifié
   c. Il faut être rempli du Saint Esprit.
5. Comment règle-t-il les relations humaines?
   a. On ne doit pas tricher dans les affaires
   b. On ne doit pas se marier à un païen
   c. L'extradition du criminel est obligatoire.
   d. Les contrats sont validés par signature.
6. Comment Christ a-t-il établi son contrat sur nous? Avec son sang pour signature.

Leçon 5 La beauté de la justice

Texte pour la préparation: 1R.21:15, 16,19; 22:34-38; 2R. 9:30-37; Pr.14:34; Mt.10:27; Lu.9:49-50; Jn.8:36; 16:2; Ro.2:5-11; 13:1-7; 1Co.5:11-13; Ga.3:28; 1Ti.5:18

Texte à lire en classe: Ro.2:5-11

Verset à réciter: Il n'y a plu ni Juif ni Grec, il n'y a plus ni esclave ni libre, il n'y a plus ni homme ni femme; car tous vous êtes un en Jésus-Christ. **Ga.3:28**

Méthodes: Discours, comparaisons, questions
But: Faire ressortir la moralité de la justice

Introduction
Depuis la formation de la première société, l'idée de justice était établie. La justice dit le sage, élève une nation. Pr.14:34

I. Par le respect des droits d'autrui.
Tous les hommes sont des sujets de droit. Tous les hommes donc devraient avoir le privilège d'exercer leur droit. En partant d'un principe universel qui veut que tous les corps soient attirés vers le centre de la terre par une force appelée pesanteur, nous pouvons déduire que chaque homme est au centre de la terre. Et nul ne peut être plus au centre qu'un autre. Ainsi, tous les hommes sont égaux devant Dieu et sont compris dans son plan depuis leur conception. Ps.139: 13-16
Par conséquent nul n'a le droit de vous faire le procès de votre origine, de votre couleur, de

votre race. Dieu vous a tous choisis pour être son habitation en esprit. La discrimination est donc une invention du diable.
1Co.6:19-20

1. **Droit à la liberté physique.**
Tous devraient disposer de leur personne dans les limites du droit et de la justice. Tout acte d'oppression devrait engendrer automatiquement une réaction même brutale car la liberté est un droit sacré. Quand les hommes vous le refusent, Jésus, le Fils de Dieu peut vous rétablir dans vos droits. Et si le Fils vous affranchit vous serez réellement libre. Jn.8:36

2. **Droit à la liberté de possession**
Vous pouvez vous dessaisir d'un bien par un acte volontaire soit en le donnant ou en le vendant. Si quelqu'un veut s'en emparer, il s'agira plutôt d'un acte de vol, de violence ou de traitrise. Dieu a puni de mort cruelle le roi Achab et sa femme Jézabel pour avoir tué le pauvre Naboth en vue de s'accaparer de sa vigne. 1R.21:15-16,19; 22:34-38; 2R.9:30-37; 1Co.5:11-13

3. **Droit à la liberté de conscience.**
La liberté religieuse est à l'origine des plus sanglantes guerres s'il faut signaler les persécutions au début du Christianisme, les Croisades du Saint Sépulcre avec Jean Sans Terre, Godefroy de Bouillon; L'inquisition Espagnole orchestrée pour tuer les chrétiens,

la Saint-Barthélemy pour détruire les protestants en France en 1472, la période de «rejetés» en Haïti sous le gouvernement du président Elie Lescot dans les années 1940 à 1942 soit disant pour détruire les loups-garous alors qu'au fond, l'Eglise Catholique ne visait que la destruction du protestantisme naissant. Jésus reconnait le droit à la liberté d'adorer Dieu selon sa conscience. Qui n'est pas contre moi est pour moi dit 'il. Lu.9:49-50 N'empêche pas que des gens peuvent vous tuer et croire ainsi rendre un grand service à Dieu. Jn.16:2

4. Droit à la dignité du travail.
Tout travailleur a droit au minimum vital, c'est-à-dire, à un salaire pour satisfaire ses besoins primaires. Tout salaire de chômage est une exploitation. C'est une injustice que Dieu punit. 1Ti.5:18

5. Droit à la liberté de la presse
Dès que l'ordre public n'est pas troublé, l'homme, quel qu'il soit sur la planète, a droit à la parole. C'est ce qui fait la beauté de la justice dans une société de justice et de droit.
Christ proclame la liberté de la Presse quand il dit: «Ce qui vous est dit en privé, publiez-le sur les toits donc à la radio à la Télévision ou par internet. Mt.10:27
Les guerres naissent du mépris de ces droits à une catégorie d'hommes, à une minorité.

Il faut des agents de l'ordre pour assurer la paix des rues, des tribunaux pour exercer la justice et des maisons de correction pour punir les coupables. Autrement c'est l'anarchie et la révolte. Ro.13:1-7
Voilà qui fait la renommée de Mahatma Gandhi aux Indes et de Martin Luther King aux Etats-Unis, les apôtres de la non-violence. La justice doit être une pour tous.

Conclusion
Celui qui pratique la justice est agréable à Dieu. Pratiquez la justice.

Questions

1. Qu'est ce qui fait la beauté de la justice?
Le respect des droits d'autrui
2. Citez en quatre?
   a. Droit à la liberté physique
   b. Droit du travail,
   c. Droit à la liberté de la Presse
   d. Droit à la liberté religieuse.
3. Citez deux apôtres de la non-violence.
Mahatma Gandhi, Martin Luther King
4. Dieu ne fait pas de discrimination. Justifiez.
Il vengea le pauvre Naboth sur le roi Achab et Jézabel
5. Citez deux cas de persécution religieuse.
   a. Le «Rejeté» en Haïti
   b. La guerre des Camisards en France
6. Trouvez un nom pour le salaire de chômage.
Exploitation
7. Que veut dire prêcher sur les toits? Publiez le message aux antennes de radio, de Télévision et par internet.

Leçon 6 La notion de justice selon Jésus-Christ

Texte pour la préparation: Ps.91:13; Es.13:3; Am.2:6; Mt.5:25; Mc.16:17; Jn.5:24; 8:32, 36; Ro.8:1; 5:1-9; 13:4; 2Co.5:10; 1Jn.2:1
Texte à lire en classe: Ro.5:1-9
Verset à réciter: Accorde-toi promptement avec ton adversaire, pendant que tu es en chemin avec lui, de peur qu'il ne te livre au juge, que le juge ne te livre à l'officier de justice, et que tu ne sois mis en prison. Mt.5:25
Méthodes: Discours, comparaisons, questions
But: Combattre chez certains chrétiens une fausse conception de la justice.

Introduction
Lorsque le prophète Esaïe présente Jésus-Christ comme une faible plante, comme un rejeton qui sort d'une terre desséchée, sans prestance ni beauté, on s'incline à croire qu'il est facile. Détrompez-vous. Ouvrons notre Nouveau Testament.

I. **Il préconise le respect des principes**
   1. Les conflits sont parfois inévitables. Si vous avez fait tort à quelqu'un, il peut vous traduire en justice et vous faire payer un dommage. Dans ce cas, Jésus recommande la négociation avec l'adversaire pour éviter les frais de bureau et les risques d'emprisonnement. Mt.5:25
   2. Il dénie le favoritisme. On n'obtient pas la justice par la couleur de la peau, ni par la force du poignet ou du dollar. C'est

l'immoralité. La vérité n'a qu'une seule couleur : l'impartialité. Elle seul libère. Jn.8:32

3. La justice ne devrait être achetée ni compromise. C'est plutôt le mauvais juge qui vend sa conscience pour des faveurs accordées dans un but personnel. Nul n'est au-dessus de la justice. Elle ne connait ni rang, ni âge, ni couleur, ni richesse, ni race, ni religion. Il faut rendre justice à qui justice est due et ne pas vendre le juste pour de l'argent. Car la justice c'est la raison mise en code. Amos.2:6

4. Jésus accentue la justice. La justice sur terre est une justice préliminaire. C'est le jugement premier. La justice de Dieu est un jugement définitif; c'est le jugement dernier. Tous les châtiments reçus sur terre ne sont que des blâmes pour nous porter à amender notre conduite et éviter le verdict du jugement dernier. Hé.12:10

II. Il préconise le droit de l'accusé à avoir un défenseur.

1. Le seul moyen d'atténuer le cours de la justice c'est de constituer un avocat et cela pour plusieurs raisons:
   a. Il est qualifié pour vous défendre parce qu'il connait la science du Droit.
   b. Il va garder tout son sang-froid quand il considère l'espèce. Il va rassembler tous les arguments pour vous retirer la corde au cou.

c. Loin de bégayer, Il va parler avec audace comme s'il avait vécu les faits. Il va se mettre dans votre peau. En d'autres termes, il prend fait et cause pour lui-même.
2. Le meilleur avocat pour nous défendre c'est Jésus-Christ. 1Jn.2:1
   a. Il n'a jamais perdu un procès. Ro.8:1
   b. Il nous défend même contre les ruses du Diable. Satan, l'accusateur de nos frères, ne peut jamais l'intimider. Il le chasse et nous donne le pouvoir de le chasser aussi et de le piétiner. Ps.91:13; Mc.16:17
   c. Lors même que nous ayons tort, Il assume les frais pour nous mettre en liberté. Jn.8:36
   d. Avec Christ, vous n'avez pas besoin de venir devant le tribunal de Dieu pour faire aucune déclaration. Celui qui lui remet sa cause ne vient point en jugement mais il est passé de la mort à la vie. Jn.5:24
   Rejetez le tabou qui veut qu'un chrétien ne peut être avocat. Jésus en est un. 1Jn.2:1 Qu'un chrétien ne peut être juge. Jésus en sera un. 2Co.5:10 Qu'un chrétien ne doit pas être un militaire. Jésus est l'Eternel des armées. Es.37:36 Il a des milices au ciel et ne les a jamais licenciés. Es.13:3 Le soldat est serviteur de Dieu pour ton bien et ne

porte pas le révolver pour parader. Ro.13:4

Conclusion

Respectez Jésus, respectez la justice.

Questions

1. Quels sont dans la leçon, les droits que Jésus reconnait à chaque citoyen ?
   a. Le respect des principes
   b. Le droit de se défendre

2. Que conseille-t-il en matière de conflit?
   La négociation au préalable avec l'adversaire

3. Dieu est' il contre le tribunal? Non
   Pourquoi? Parce qu'il est avocat et juge

4. Est-il contre l'armée?
   Non. Il est chef des armées

5. Qu'est-ce qu'il préconise?
   La loi est une pour tous

6. Que représentent les châtiments sur la terre?
   Des avertissements pour éviter le jugement dernier.

7. Est-ce un péché de constituer un avocat? Non.
   Jésus en est un.

Leçon 7 Le mépris de la justice et ses conséquences

Textes de préparation: Jé.17:16; Mt.27:5; Lu.19:9-10; 1Co.5:5-11; 15:33; 1Ti.1:20; 2Ti.3:5-6; 1Pi.3:18-20; Ju.23; Ap.3:8
Texte à lire en classe: 2Pi.3:4-10
Verset à réciter: Le Seigneur ne tarde pas dans l'accomplissement de la promesse comme quelques-uns le croient; mais il use de patience envers vous, ne voulant pas qu'aucun périsse, mais voulant que tous arrivent à la repentance.2Pi.3:9
Méthodes: Discours, comparaisons, questions
But: Porter les insouciants à prendre conscience du jugement qui les attend.

Introduction
On peut mépriser la justice, mais pas le verdict. C'est un avertissement formel pour ceux-là qui prennent le manteau de la Religion comme un gilet de protection. Ils sont classés dans la catégorie des chrétiens de nom.

I. Enumérons-les
1. Des chrétiens charnels. Ils ont pour dieu leur ventre, ils mettent leur gloire dans ce qui fait leur honte, ils ne pensent qu'aux choses de la terre. Paul dit qu'ils marchent en ennemi de la croix de Christ, et leur fin sera la perdition. Phil.3:18-20
2. Des chrétiens arrogants. Ils sont comptés parmi les outrageux et les ivrognes. Ils sont mis ensemble car les deux dégradent leur prochain avec des paroles ordurières jetées à

la légère. Après tout, ils croient pouvoir se débarrasser de vous avec une simple excuse. 1Co.5:11
3. Des chrétiens débauchés. Ces gens encore se nomment frères et pourtant, ils pratiquent l'adultère ou la fornication. Ils ont une apparence de piété pour tromper les simples, pour s'introduire dans les maisons de femmes chargées de péchés et agitées par des passions de toute espèce. 2Ti.3:5-6
4. Des chrétiens cupides. Quoique frères, ils sont cupides, idolâtres. Pour eux, rien n'est sacré, tout est marchandise, comme disait Victor Hugo dans son poème «Le Christ au Vatican» 1Co.5:11
5. Des chrétiens voleurs. Ils savent comment escamoter votre argent ou votre bien avec intelligence. Ils croient qu'avec une simple excuse ou bien des pleurs, ils seront vite graciés mais ils ne feront jamais aucun effort pour une juste et équitable restitution.

Si vous êtes voleur comme Zachée, descendez du sycomore de votre fragile renommée et faites restitution sans tarder. Jésus dira alors: «Le salut est entré aujourd'hui dans cette maison. Lu.19:9 Voleur ou non, il est aussi un fils d'Abraham, c'est-à-dire un ayant droit au bénéfice de l'alliance. Ga. 3:28-29

II. Qu'en dit la Bible?
1. La Bible nous défend de manger avec de tels hommes tant leur compagnie peut mettre notre réputation en danger. 1Co.5:11; 15:33
2. Jude nous défend de leur apprécier la main. Il nous faut nous éloigner même de leurs habits. C'est ce qu'il exprime quand il dit: «pour d'autres, ayez une pitié mêlée de crainte, haïssant jusqu'à la tunique souillée par la chair.» Jude 23
3. Cependant, si vous êtes Judas, un autre voleur professionnel et entêté, il est encore temps de vous repentir. Ne faites pas un tirage de l'argent volé pour vous acheter une corde et vous pendre. Nous vous en supplions; La porte de la grâce est encore ouverte. Mt.27:5; Ap.3:8
4. L'Eglise doit être ferme dans ses décisions pour les livrer à Satan, c'est-à-dire les radier, les excommunier. 1Co.5:5; 1Ti.1:20
5. Dieu dirait à Jérémie: «N'intercède pas en leur faveur. Peine perdue, je n'écouterai pas» Jé.7:16
En d'autres termes, ne gaspillez pas votre temps avec ces indécrottables. Puisqu'ils ne se laissent pas pénétrer par la lumière de la Parole, ils ne vont pas changer. Ils sont déjà prêts pour recevoir leur châtiment comme les incrédules du temps de Noé. 1Pi.3:18-20

Conclusion

On récolte ce qu'on a semé. Je vous exhorte à semer selon la justice pour moissonner l'amour et le pardon.

Questions

1. Comment s'appellent les chrétiens qui méprisent la justice? Les chrétiens de nom
2. Citez en quelques-uns. Les cupides, les adultères, les idolâtres, les outrageux, les ivrognes
3. Que recommande la Bible? De ne pas les fréquenter
4. Que recommande-t-elle au comité? De les radier
5. Que dit Dieu à Jérémie à leur égard? De ne pas prier pour eux
6. Vrai ou faux
   a. Dieu aime les voleurs __ V __ F
   b. Dieu aime le vol __ V __ F
   c. L'Eglise doit excuser le vol des frères __ V __ F
   d. Si Dieu est vraiment amour, il doit les tolérer __ V __ F
   e. Dieu est miséricordieux, il ne va pas condamner pour toujours les adultères __ V __ F

Leçon 8 La justice répressive et la commisération

Texte de préparation: Pr.26:4-5; 29:18; Mt.18:15-18; Lu.6:30; Ro.12:18; 1Co.5:13; 6:1, 6-7; 1Ti.1:9-11

Texte à lire en classe: 1Ti.1:5-11

Verset à réciter: Nous savons que la Loi n'est pas faite pour le juste, mais pour les méchants, et les rebelles, les impies et les pécheurs, les irréligieux et les profanes, les parricides, les meurtriers, les débauchés, les homosexuels, les voleurs d'hommes, les menteurs et les parjures. **1Ti.1:9-10**

Méthodes: Discours, comparaisons, questions

But: Montrer la nécessité de punir l'injustice

Introduction

Faut-il laisser impuni un acte d'immoralité au sein de l'Eglise? Où sont les limites à observer? Voilà où intervient le rôle de la justice répressive. Contre qui alors?

I. Contre les faux-frères.
1. Il vous vole et décide de ne pas faire restitution.
2. Quand un frère empiète sur vos droits de propriété et refuse de déplacer ses bornes. Au lieu de négocier, il préfère manifester des intentions malveillantes. Quand un frère est votre locataire et prend plaisir à vous abuser en refusant de payer le loyer par jalousie ou méchanceté.

a. Ils sont classés au rang de voleurs, d'audacieux, de lâches et de méchants. Ils refusent d'être pénétrés par la lumière de l'Evangile.
   b. La Bible les appelle des faux-frères. Ils peuvent récidiver et institutionnaliser leur vol. Le proverbe dit: «Ne réponds pas à l'insensé selon sa folie, de peur que tu ne lui ressembles toi-même. Réponds à l'insensé selon sa folie, pour qu'il ne se regarde pas comme sage. Pr.26:4
   c. En d'autres termes, vous devez excuser la première faute du prochain; mais s'il veut la récidiver, il faut l'en empêcher. Ce n'est pas un abonnement.
   d. Jésus dit de ne pas réclamer ton bien à celui qui s'en empare et de ne pas résister aux méchants. En d'autres termes, évitez des confrontations. Que les forces de l'ordre s'en occupent. Lu.6:30
2. Autres cas de culpabilité
   a. Quelqu'un vous fait tort sans le vouloir et s'en tient là. Il est bon de solliciter l'assistance d'un chrétien spirituel et rechercher ensemble un terrain de négociation. S'il refuse de vous écouter, referez le cas devant le comité de discipline de l'Eglise. Là, il faut des gens impartiaux, doués de sagesse afin d'éviter un procès. Autant que cela dépend de vous, soyez en paix avec

tous les hommes. Ce n'est non plus une raison pour «laisser-faire» Ro.12:18 Le proverbe dit encore «quand il n'y a personne «pour ouvrir les yeux», c'est l'anarchie, le peuple est sans frein. Pr.29:18

b. Si le frère fautif nie la compétence de l'Eglise pour régler le conflit, il n'est pas pour autant au-dessus de la Loi qui doit s'en saisir. Puisque le frère se comporte comme un païen, qu'il comparaisse devant un juge païen et un tribunal païen.
Mt.18:15-18
Si un pays n'a que des chrétiens, serez-vous d'accord d'éliminer le système de Police et les tribunaux?

c. Certaines frères arrogants abusent le nom de chrétiens pour faire toutes sortes d'injustice parce qu'ils croient à la passivité de l'Eglise.
Avec ce laisser-aller, la congrégation oublie qu'il a la liberté de culte dans un pays de droit.
Que l'Eglise ne confonde pas la persécution religieuse avec le vagabondage, le banditisme qu'il faut réprimer. C'est un cas de zéro tolérance. La Bible dit: «Otez le méchant du milieu de vous». 1Co.5:13

Conclusion

Ne soyez pas braves pour défendre vos droits devant les tribunaux et fermer la bouche comme une taupe quand il s'agit de défendre les affaires de Dieu. David aura honte de vous quand les Goliath sont tolérés jusqu'à se croire invincibles.

Questions

1. Quelle attitude observer dans les cas d'injustice?
   a. Eviter autant que possible la confrontation
   b. Faire appel aux officiers de Justice.

5. Faut-il tolérer les abus des faux-frères? Non

6. Pourquoi? Parce qu'ils ont comme vous la lumière de l'Evangile mais ils ne s'en laissent pas pénétrer.

4. Comment traiter le coupable d'un acte involontaire?
   Il doit s'excuser et faire restitution.

5. Que faire en cas de rébellion?
   Qu'il soit livré à l'officier de justice

7. Quel est le rôle des officiers de justice suivants?
   a. Des juges? Rendre la justice
   b. Des avocats? Défendre les opprimés
   c. Des Agents de Police? Exécuter la justice

8. Faut-il qu'ils soient des non-chrétiens?
   La loi est morale et doit être appliquée par des gens moraux.

Leçon 9 La Bible et les cas de flagrant délit

Textes pour la préparation: Lé.5:1; Pr.3:26; Mt.5:38-42; 18:15-17; Lu.22:36-38; Jn.2:15; Ro.13:4; 2Co.10:4; Ps.23:3; 46:11; 125:3; Ga.6:1; Ep.2:8

Verset à lire en classe: Pr.3:21-26

Verset à réciter: Frères, si un homme vient à être surpris en faute, vous qui êtes spirituels, redressez-le ave un esprit de douceur. Prenez garde à vous-mêmes de peur que vous ne soyez aussi tentés. Ga.6:1

Méthodes: Comparaisons, discussion, questions

But: Montrer que la force ne doit pas primer le droit.

Introduction

Flagrant Délit? Que vient faire ce terme juridique dans une Ecole du dimanche? Vous le saurez, mais un peu tard, quand le cas se présente. En attendant, laissez-nous vous le définir, à charge par vous d'en tirer votre conclusion.

I. Définition de Flagrant délit

1. En principe «est qualifié délit flagrant, le délit qui se commet actuellement, ou qui vient de se commettre. Ga.6:1
2. Il est un état d'immoralité incontestable chez une personne qui se manifeste au détriment des bonnes mœurs et de la paix publique. Lorsque l'individu est pris «la main dans le sac», sa première réaction est toujours de prendre des dispositions pour étouffer le

scandale. Il peut attenter à la vie des témoins et même à sa propre vie.

II. Dispositions liminaires:
1. Si quelqu'un s'est laissé surprendre par quelque faute, vous qui êtes animé par l'Esprit saint, ramenez-le dans le droit chemin avec un esprit de douceur. Et prenez en même temps beaucoup de précautions pour ne pas succomber dans la même tentation. Ga.6:1
2. Vous devez promettre au coupable de garder le secret. Mt.18:7
3. Vous devez lui faire comprendre que vous auriez pu être dans cette même situation, n'eut été la grâce de Dieu qui vous couvre. Dieu soit loué s'il arrive à comprendre vos démarches pour l'aider à reconquérir sa réputation. Ga.6:1; Ep.2:8
4. Dans le cas contraire, vous n'êtes pas obligé de garder son secret pour ne pas être coupable de recélé. Lé.5:1
A ce stade, il faudra suivre les recommandations de Jésus-Christ en matière de conciliation.
Mathieu 18:15-17; Gal.6:1

III. Deux exemples à l'appui:
1. Quelqu'un est surpris en train de vandaliser votre voiture au moment où vous adorez à l'intérieur de l'Église.
2. Un brigand vient pour troubler le service d'adoration. Il refuse de se calmer sachant

que d'ordinaire les chrétiens sont passifs. A partir de ce moment, il faut absolument le maitriser. Jn.2:15
En effet, si une personne trouble un lieu de culte, il trouble l'ordre public; elle mérite d'être contrôlée par la force publique. En conséquence, une pareille intervention est morale et obligatoire. Ro.13:4
Jusque-là, ce que l'Eglise aura décidé sur la terre, Jésus le ratifiera dans le ciel. L'Eglise étant sa femme, peut prendre toute décision en son nom suivant la dictée de l'Esprit Saint dans la circonstance en présence. Mt. 18:18

Conclusion
Dans les cas de flagrant délit, tout homme est police. La justice n'a jamais été contre la miséricorde. Chacune a son champ d'application. Par contre, soyez sages.

Questions

1. Que veut dire « Flagrant délit? »
    a. Une faute où l'individu est pris «la main dans le sac»
    b. Un état d'immoralité incontestable qui trouble l'ordre public.
2. Que peut-être la réaction du coupable?
    a. Cacher le scandale par peur d'avilissement
    b. Tuer les témoins ou bien se suicider.

3. Comment un témoin peut-il considérer la question?
   a. Redresser le coupable avec douceur
   b. Eviter d'accentuer le tort du fautif
   c. Promettre de garder le fait confidentiel
4. Que faire en cas de belligérance
   a. Vous n'êtes plus lié à garder le secret
   b. Il faut faire appel à des hommes sages pour essayer de convaincre le coupable.
5. Que faire s'il s'agit d'un brigand pris en flagrant délit de vandalisme ou de trouble dans l'Eglise?
   a. Il faut essayer de le maitriser
   b. S'il refuse, on fait appel aux forces de l'ordre.
6. Qui doit avoir le dernier mot? Jésus-Christ
7. Vrai ou faux
   a. L'Eglise doit laisser le bandit faire ce qu'il veut. __ V __ F
   b. L'Eglise doit rester en prière et laisser à l'assassin la liberté d'égorger le chrétien durant le service. __ V __ F
   c. L'Eglise doit essayer de maitriser le coupable et faire appel aux forces de l'ordre. __ V __ F
   d. Le chrétien ne doit pas aller au tribunal. __ V __ F

Leçon 10 La Bible et les cas de légitime défense

Verset pour la préparation: Ps.46:11; Pr.3:21-26; 2S.5:17-25; Mt.5:38-42; Lu.22:36; 2Co.10:4
Verset à lire en classe: Pr.3:21-26
Verset à réciter: Ne redoute ni une terreur soudaine ni une attaque de la part des méchants, car l'Eternel sera ton assurance et il préservera ton pied de toute embûche. **Pr.3:26**
Méthodes: discussion, comparaisons, questions
But: Mettre les chrétiens prêts à toute éventualité.

Introduction
La défense est un droit sacré. Elle est morale et légale.

Définition
Qu'entend-on par légitime défense?
Tout moyen employé pour écarter une menace de mort sur sa vie ou sur celle d'autrui et dans laquelle on n'a pas pu faire autrement.

I. **Exemple biblique de légitime défense.**
Le jour de son investiture royale, David connut une attaque-surprise des philistins. 2S.5:17 Immédiatement, il descendit dans les casernes pour mettre la garnison sur pied de guerre et il consulta l'Eternel. Cette disposition lui suffisait pour obtenir la victoire. 2S.5:20, 25

II. Principe de droit:
Si vous êtes agressé soudainement, la Loi vous donne droit de vous défendre. Elle vous absout pour tout homicide, blessures et coups occasionnés par la circonstance. Fermer les yeux en pareil cas est un acte de lâcheté que le ciel condamne. L'Eternel des armées est avec nous!

III. Ce qu'il ne faut pas confondre
1. Il ne faut pas confondre un cas de légitime défense et un état de fait.
   a. Peut-on évoquer le principe de légitime défense dans cette recommandation de Christ, savoir :
   « Si quelqu'un te frappe sur la joue gauche, présente-lui aussi l'autre ? Si quelqu'un veut prendre ta tunique, laisse-lui aussi ton manteau. Si quelqu'un te réquisitionne pour porter un fardeau sur un kilomètre, consens à le porter jusqu'à deux kilomètres? Non. Mt.5:38-42
   b. Ici, il nous faut faire une exégèse historique. Il s'agit d'une situation de fait: Palestine était sous l'occupation romaine. Il était prescrit pas la loi qu'un romain pouvait obliger un juif à porter son fardeau à la distance d'un kilomètre. Pour s'assurer qu'ils ne dépasseront cette distance, les juifs plantent des pieux à un kilomètre de

distance l'un de l'autre à travers toutes les routes du pays. Ils subissaient entre autre, tous les abus des autorités. Une révolte en pareil cas n'en vaudrait pas la peine. Il aurait fallu une révolution à partir d'une prise de conscience. La loi de la légitime défense ne peut non plus être évoquée ici car il y a eu des précédents. C'est un état de fait.

IV. Autre considération:
Dans la perspective d'une mission à travers le monde, le Seigneur ordonna aux apôtres de se pourvoir d'une épée. Lu.22:36
Vont-ils s'en servir pour attaquer? Non. C'était bien sûr, pour constituer une force de pression et décourager les éventuels assaillants. L'idée de légitime défense est ici établie. Lu.22:36-38

V. Comment le chrétien doit-il se défendre?
1. Il nous faut retenir que les armes de défense du chrétien ne sont pas charnelles. Mais elles sont puissantes par la vertu de Dieu, pour renverser des forteresses. 2Co.10:4; Ep.6:10-18. Pourquoi?
Parce que le Seigneur ne va pas vous mettre dans des situations de nature à compromettre sa réputation. Ps.23:3; 125:3
   a. Dieu sait comment vous défendre sans compromettre et lui et vous. Ps.46:11

Conclusion

Songez que si vous priez, l'Eternel gardera votre départ et votre arrivée. En d'autres termes sa grâce et son bonheur vous accompagneront tous les jours de votre vie. Faites-lui confiance.

Questions

1. Que veut dire Légitime défenses?
   Tout moyen déployé pour protéger sa vie et ses biens
2. Que fit David dans les cas de légitime défense?
   a. Il se prépare au combat
   b. Il consulte l'Eternel
3. Doit-on chercher à maitriser l'adversaire? Oui
4. Que prescrit la loi romaine aux juifs colonisés?
   D'obéir au colon romain
5. Qu'est-ce qui n'allait pas réussir? Une révolte
6. Qu'est-ce qu'ils devraient tenter? Une révolution
7. Pourquoi Jésus demandait-il aux apôtres d'avoir une épée? Pour constituer une force de pression
8. Quelles sont les armes de défense du chrétien? Des armes spirituelles
9. Pourquoi? C'est Dieu qui va combattre pour nous
10. Que nous faut-il faire? Nous mettre en prière

Leçon 11 La justice et la force

Textes de préparation: Ex.14:19-20; Ps.34:8; 89:8; Es.9:5; 37:36; Mt.5:25; Jn.2:13-16; 3:18; Ac.5:1-10; Ro. 13:1-7; 2Co.5:10; Ga.6:6; Ph.4:22; 1Ti.1: 20; Hé.12: 29; Ap.21:8
Versets à lire ne classe: Ro.13:1-7
Verset à réciter: C'est une chose terrible de tomber entre les mains du Dieu vivant. **Hé.10:31**
Méthodes: Discussion, comparaisons, questions
But: Montrer que la vie morale de tout homme est encadrée par la force et la justice

Introduction
La justice sans la force est impuissante, mais la force sans la justice est tyrannique, dit Pascal. Comment concilier les deux comme des concepts moraux?

I. Le rôle de la force dans la justice.
1. Il faut la force pour appuyer la justice dans les cas d'infraction aux lois et aux principes.
   Jésus le sait très bien. Il prévoit d'abord une entente à l'amiable pour éviter que le cas soit plaidé devant le juge, car la partie qui succombe sera livrée à l'officier de justice et devra payer les frais et dépens. Mt.5:25
   Mais nul n'a le droit de se faire justice. Ce rôle revient au magistrat appelé ici «force de l'ordre» parce qu'il est autorisé à porter les armes pour assurer l'ordre public. Ro.13:4

David qui a tué 10,000 au champ de bataille n'est pas absous dans son cas d'adultère et la mort lâche d'Urie. 2S.12:9-12

2. Le tribunal reconnait l'autorité morale de l'Eglise pour juger des cas de conflits et des menues affaires. Cependant les chrétiens charnels méconnaissent sa compétence et croient devoir désobéir parce qu'elle a la justice sans la force. Erreur capitale! Voyez la réaction de Jésus devant les vendeurs dans le temple de Jérusalem. Il n'a pas hésité à les punir ouvertement. Ils ignorent sans doute, qu'il est à la fois un Dieu de miséricorde et un feu dévorant. Jn.2:13-16; Hé.12: 29

II. Remarques pertinentes:

1. La Bible ne dit nulle part qu'un chrétien ne peut être militaire. David en était un.
2. Paul envoya une lettre aux chrétiens de Philippe et les pria de saluer tous les saints, particulièrement les gardes de corps de l'empereur César. Des militaires appelés saints? Des militaires, gardes de corps d'un méchant roi? Comment ont-ils fait pour ne pas compromettre leur foi? Phi.4:22 Demandez-le au colonel William Booth, fondateur de la religion l'Armée du Salut.
3. Jésus est l'ange de l'Eternel avec ses armes à la main pour nous sauver du danger. Il est merveilleux. Ju.13:18; Es.9:5 Il est aussi terrible dans l'assemblée des saints. Ps.34:8; 89:8

4. Il s'appelle l'Eternel des armées.
   a. Pour former les rangs au combat. Ex.14:19
   b. Pour déployer une stratégie de combat. Ex.14:20
   c. Pour protéger ses enfants. Ps.34:8
   d. Pour détruire l'ennemi. Es.37:36
5. On ne peut se moquer de son autorité. Gal.6:6
   a. Hananias et Saphira en ont gouté au péril de leur vie.
   b. Hyménée et Alexandre que Paul a livrés à Satan pour leur apprendre à ne pas blasphémer. Ac.5:1-10; 1Ti.1:20
6. Songez qu'au jour du jugement, ce même Jésus, plein d'amour et de compassion sera le juge devant qui tous auront à comparaitre. 2Co.5:10 Et il ne va pas hésiter une seconde à les envoyer en enfer pour être tourmentés avec le Diable aux siècles des siècles. Ap.21:8
Jésus plein d'amour et de miséricorde est aussi un feu dévorant. Hé.12:29

Conclusion
Si les armes avec lesquelles nous combattons ne sont pas charnelles, que personne ne se berce d'illusion en nous croyant sans défense car L'Eternel combattra toujours pour nous. Soyons sûrs d'être dans son camp.

Questions

1. Qui a dit: «la justice sans la force est impuissante.» Pascal
2. Que propose Jésus-Christ avant qu'on utilise la force? Une entente à l'amiable
3. Que faire si l'individu refuse d'obéir? Qu'il soit regardé comme un païen
4. Est-ce qu'un chrétien militaire pourra aller au ciel? David était militaire, Jésus est le Dieu des militaires.
5. Qui était le fondateur de l'Armée du Salut? Colonel William Booth
6. Quel est le rôle de Jésus comme militaire?
   a. Protéger les enfants de Dieu
   b. Terrasser l'ennemi
7. Qui fut victime d'avoir méprisé les affaires de Dieu? Hananias et Saphira
8. Pourquoi Paul avait-il radié Hyménée et Alexandre? Pour qu'ils ne blasphèment plus.

Leçon 12 Leçon spéciale Occasion: Fête de la Famille

Texte pour la préparation: Pr.4:20-27; 1Co.14:33;
Verset à lire en classe: Pr.4:20-27
Verset à réciter: Instruis l'enfant selon la voie qu'il doit suivre; et quand il sera vieux il ne s'en détournera pas. **Pr.22:6**
Méthodes: discussion, questions
But: Développer le sens de la discipline chez l'enfant

Introduction
Il est honteux de dire que certaine indiscipline dans la gérance du foyer est à l' origine de beaucoup de tension et de regret stérile. Aujourd'hui nous venons avec un guide pratique pour tous les membres de la famille. Il vous est conseillé d'avoir:

I. Un registre de famille avec les informations suivantes:
1. L'acte de naissance du père, de la mère, des enfants,
2. L'acte de mariage
3. Les numéros de leur carte de Sécurité sociale et de leur permis de conduire.
4. Les documents d'immigration (passeports, cartes de résidence, de citoyenneté) qui constatent vos différents voyages)

Vous en aurez besoin pour votre identification, pour vos applications dans les bureaux d'Immigration.

II. Un registre de documents personnels

1. Les informations sur vos anciens employeurs ou des compagnies (l'adresse, le nom du manager, son numéro de téléphone, la date d'entrée et de sortie en service. Les raisons de votre démission ou de votre congédiement. La lettre d'entrée en service, la lettre de démission ou de révocation.
2. Les informations sur votre nouvel employeur (Nom de la compagnie, adresse, nom du manager, le téléphone de contact, la lettre d'entrée en service)
3. Tous ces documents doivent être photocopiés et conservés dans un casier spécial.

Vous en aurez besoin
a. Pour l'application à un nouvel emploi
b. Pour établir votre situation pécuniaire
c. Pour les services à attendre des bureaux du gouvernement.

III. Un dossier de rappel

Ce dossier constate:
1. La marque de votre voiture, le modèle, l'année, la plaque d'immatriculation.
2. La date due pour les paiements suivants:
   a. Votre loyer ou votre Mortgage (hypothèque), votre impôt locatif.
   b. L'échéance de votre auto

c. L'échéance de vos assurances sur la maison (assurance immobilière contre l'inondation, le feu)
d. L'échéance sur l'assurance de vie, de santé
e. L'échéance pour l'eau, l'électricité, le téléphone
f. La date de rotation des pneus recommandée chaque six mois et la date de vidange d'huile chaque trois mois pour la protection de votre voiture.
g. Conservez dans votre bourse le numéro de téléphone de vos compagnies d'assurance pour toute éventualité.
h. La carte d'identification de votre groupe sanguin

IV. Des précautions en cas d'urgence
1. Avoir le double de toutes les clés de la maison et de l'auto. Conservez-en une quelque part pour vous éviter des surprises désagréables quand il faut entrer chez vous ou quand il vous faut sortir en voiture.
2. Avoir le numéro de code pour la peinture de la maison car toutes les couleurs ont des nuances et des degrés.
3. Avoir les mesures des habits et des chaussures de tous les membres de votre famille.

V. Avoir une boite pour mettre les reçus des dépenses journalières et une autre pour les grosses dépenses. Vous en aurez besoin pour bâtir votre budget.

VI. Conservez les papiers de garanties dans un casier à part.
1. Si vous avez accès à l'internet, mettez tout cela en memo. On ne sait jamais avec les imprévus.
2. C'est vraiment assommant que tout cela. Mais il vaut la peine. Je ne suis pas parfait dans ce que je vous dis. Je dois aussi me conformer. Allons ensemble. C'est si beau.
3. Voilà comment vous pouvez, à partir de ce «Vade me cum», instruire votre enfant selon la voie qu'il doit suivre. P.22:6

Questions

1. Quelle est l'utilité de cette organisation?
Eviter des tensions stériles
2. Pourquoi conserver les documents d'Immigration?
Pour mieux remplir et sans délais les applications.
3. Pourquoi conserver les reçus des dépenses?
Pour mieux préparer un budget et éviter le gaspillage.
4. Pourquoi conserver les reçus des achats sur garantie?
En cas de réclamations éventuelles
5. Pourquoi avoir la photocopie et le double des clés?
Pour s'éviter des tensions inutiles.

6. Pourquoi mettre ses documents dans l'Internet?
Pour les retrouver partout et en tout temps

N.B. Deux suggestions pour cette leçon:
1. Il est suggéré qu'elle soit exposée et discutée en deux sessions; une session à l'occasion de la fête des mères et une autre à l'occasion de la fête des pères.
2. Le Département de l'Ecole du Dimanche pourra préparer des feuillets avec des espaces vides à remplir. Les gens pourront cocher ce qu'ils ont déjà fait et prévoir comment satisfaire le reste.

Nomenclature

I. Pour chaque membre de la famille
1. Nom _____
   Adresse _____
   Date de naissance _____
   Téléphone _____
   Acte de mariage lieu _____
   Année _____ date _____
2. Numéros de Permis de conduire _____
   de Sécurité Sociale _____
   a. Passeport: _____
   b. Date d'expiration _____
3. Carte de Résidence: _____
4. Date d'expiration _____
5. Déclaration de citoyenneté: numéro _____

- Photocopies obligatoires pour certains

II. Un registre de documents personnels
1. Informations sur vos anciens employeurs
   a. Adresse _____
      Téléphone _____
   b. Date d'Entrée en service _____
      Date de sortie de service _____
   c. Copie de lettre d'admission _____
   d. Raisons de démission ou de révocation

   _____

2. Information votre nouvel employeur
   a. Nom de la Compagnie _____
   b. Adresse _____
   c. Téléphone _____

d. Lettre d'entrée en service _____

- Photocopies obligatoires

III. Un dossier de rappel
1. Voiture_____ marque_____Modèle _____
   Année____ Numéro d'immatriculation _____
2. Dates dues pour certains services
   a. Mortgage ou hypothèque_____
   b. Taxe sur la propriété ____ Fermage _____
   c. Assurance sur la maison _____
   d. Inondation _____Feu_____
      Maison _____
   e. Paiements_____ sur l'auto _____
      l'eau _____ l'électricité _____
   f. Téléphone _____
   g. Date de Rotation des pneus _____
   h. Vidange d'huile _____moteur _____
      Transmission
3. Notes spéciales: Memo dans votre bourse de
   a. De toutes vos Compagnies d'assurance _____
   b. De votre groupe sanguin _____
   c. Des personnes à appeler en cas d'urgence

IV. Des précautions en cas d'urgence
1. Le double des clés de la maison et de la voiture à conserver secrètement.
2. Les numéros des peintures de la maison _____
   _____   _____   _____
   _____
3. Les mesures des habits ___des chaussures ____
4. Une boite à deux compartiments
Un pour les reçus des dépenses courantes

Un pour les dépenses majeures
5. Mettre en dépôt sur l'internet les dossiers importants tels les reçus de garantie, les dossiers de famille

Récapitulation des versets

Leçon 1
Car il nous faut tous comparaitre devant le tribunal de Christ, afin que chacun reçoive selon le bien ou le mal qu'il aura fait étant dans son corps. 2Co.5:10

Leçon 2
Dieu, sans tenir compte des temps d'ignorance, annonce maintenant à tous les hommes, en tous lieux, qu'ils ont à se repentir, parce qu'il a fixé un jour où il jugera le monde selon la justice. Ac.17:30-31a

Leçon 3
Tu n'auras pas d'autres dieux devant ma face. Ex.20:3

Leçon 4
Tout ce que vous voulez que les hommes fassent pour vous, faites-le de même pour eux, car c'est la loi et les prophètes. Mt.7:12

Leçon 5
La beauté de la justice
Il n'y a plu ni Juif ni Grec, il n'y a plus ni esclave ni libre, il n'y a plus ni home ni femme; car tous vous êtes un en Jésus-Christ. Ga.3:28

Leçon 6
Jésus-Christ et la notion de justice
Accorde-toi promptement avec ton adversaire, pendant que tu es en chemin avec lui, de peur qu'il ne te livre au juge, que le juge ne te livre à l'officier de justice, et que tu ne sois mis en prison. Mt.5:25

Leçon 7
Le mépris de la justice et ses conséquences
Le Seigneur ne tarde pas dans l'accomplissement de la promesse comme quelques-uns le croient; mais il use de patience envers vous, ne voulant pas qu'aucun périsse, mais voulant que tous arrivent à la repentance.2Pi.3:9

Leçon 8
La justice répressive et la commisération
Nous savons que la Loi n'est pas faite pour le juste, mais pour les méchants, et les rebelles, les impies et les pécheurs, les irréligieux et les profanes, les parricides, les meurtriers, les débauchés, les homosexuels, les voleurs d'hommes, les menteurs et les parjures. 1Ti.1:9-10

Leçon 9
Le cas de flagrant délit
Frères, si un homme vient à être surpris en faute, vous qui êtes spirituels, redressez-le ave un esprit de douceur. Prenez garde à vous-mêmes de peur que vous ne soyez aussi tentés. Ga.6:1

Leçon 10
Le cas de légitime défense
Ne redoute ni une terreur soudaine ni une attaque de la part des méchants, car l'Eternel sera ton assurance et il préservera ton pied de toute embûche. Pr.3:26

Leçon 11
La justice et la force
C'est une chose terrible de tomber entre les mains du Dieu vivant. Hé.10:31

Leçon 12
Comment inculquer la notion de discipline chez l'enfant
Car Dieu n'est pas un Dieu de désordre, mais de paix.
Co.14:33

Série 3

La Gérance Chrétienne

Avant-propos

On ne peut parler de Gérance Chrétienne sans faire référence à Dieu, le maître de la planète. Il avait confié à son fils Adam le soin de croitre, de multiplier, de remplir la terre, de cultiver son jardin et de le gérer. Le rapport est d'abord spirituel avant que d'être temporel. Adam ne saurait gérer la terre sans entretenir une étroite relation avec Dieu. La Gérance Chrétienne aurait donc commencé à partir du Jardin d'Éden, à partir du père de famille à qui il incombe de donner l'exemple d'une vie dirigée, contrôlée par Dieu lui-même.
Si vous le prenez ainsi, il ne fait aucun doute que la partie est claire et notre conscience devant Dieu sera sans reproche.

Pasteur Renaut Pierre-Louis

Leçon 1 La notion de gérance dans l'Ancien Testament

Versets pour la préparation: Ge.4:1-10; 24:3-7; Le.26:14-17; De.6:6-9; Jg. 2:10,13-14; 2Co.6:14-17
Versets à lire en classe: De.6:6-9
Verset de mémoire: L'Éternel Dieu prit l'homme, et le plaça dans le jardin d'Éden pour le cultiver et pour le garder. Ge.2:15
Méthodes: discours, comparaisons, questions
But de la leçon: Présenter la gérance chrétienne comme une constante spirituelle fondamentale.

Introduction
Devons-nous reprocher Dieu pour la mauvaise conduite de nos enfants? Ne pouvons-nous pas voir les choses autrement? Voyons ce qu'il nous recommande.

I. Obligation paternelle d'Adam.
 1. Instruire les enfants sur la manière d'adorer Dieu.
    a. Caïn et Abel sont deux fils d'Adam qui avaient appris, dans le culte de famille, comment honorer Dieu avec les fruits de leurs travaux. Ge.4:2-5
    b. Dieu regarde au gérant avant de considérer son rapport. Dans les yeux d'Abel il voit la fidélité tandis que dans ceux de Caïn il peut lire la méchanceté.
    c. Voilà pourquoi il accepte l'offrande d'Abel et refuse celle de Caïn. Ge.4:3-5

II. Obligation des patriarches.
Maintenir dans la famille l'adoration d'un Dieu monothéiste. Abraham engage son intendant à se rendre dans sa famille, en Mésopotamie, pour lui choisir l'épouse de son fils Isaac. Ge.24:3-7 Mais pourquoi cette démarche? C'est que le mariage avec un païen est une trahison à la foi en Dieu. 2Co.6:14-17

III. Obligation des fils d'Israël dans le maintien du culte.
1. Ils devaient observer la Loi comme un héritage sacré à inculquer à leurs enfants. De. 6:6-9
   a. Dans le culte de famille à la maison. V.7
   b. Durant les voyages
   c. En l'écrivant sur les portes et sur les poteaux de la maison. De.6:6-9
   Cette Loi doit dominer leur pensée et leurs actions. V.8 C'est la signification des termes «qu'elles soit comme un fronteau entre leurs yeux et un signe sur leurs mains».
   Toute négligence dans cette pratique spirituelle entraine la malédiction sur leurs enfants. Le.26:14-17
   Ecoutez ceci: «Toute cette génération n'a pas connu l'Eternel.» Quelle mauvaise gérance! Quel reproche! Ils ont reçu de leurs

parents un héritage matériel, mais sans la force spirituelle pour le gérer. Jug.2:10,13-14

Conclusion

Rappelez-vous que Dieu est le propriétaire. Nous sommes ses gérants. Respectons ses principes.

Questions

1. Quelle était la responsabilité d'Adam envers ses enfants? De les élever selon la volonté de Dieu.

2. Comment Abraham a-t-il compris la notion de gérance? Il veut éviter à sa famille toute association avec les païens.

3. Quelle était la responsabilité des enfants d'Israël? D'inculquer la Loi comme un héritage sacré à leurs enfants.

4. Quelle était la sanction de leur mauvaise gérance? L'abandon de l'Eternel.

5. Que veut dire l'expression «un signe sur leurs mains» Que la Loi de l'Eternel domine leurs actions

6. Que veut dire l'expression «un fronteau entre leurs yeux". Que la loi de l'Eternel domine leur pensée.

Leçon 2 La notion de gérance dans le foyer chrétien

Versets pour la préparation: Pr.14:34; 22:6; Mt.18:20; Ac.10:24;16:31; Lu.16:31; Ep.6:2; 5:19; 1Ti.5:8
Versets à lire en classe: Ep.6:1-4
Verset de mémoire: Si quelqu'un n'a pas soin des siens et principalement de ceux de sa famille, il a renié la foi, et il est pire qu'un infidèle. 1Ti.5:8
Méthodes: Discours, comparaisons, questions
But de la leçon: Présenter l'obligation de la gérance chrétienne au sein de la famille.

Introduction
Dieu n'a jamais vu l'homme comme un élément isolé. Voilà pourquoi il le met au sein d'une famille.

1. **La gérance chrétienne au foyer.**
   1. Si quelqu'un n'a pas soin des siens et surtout de sa famille, il est en chute et il est pire qu'un infidèle. 1Ti.5:8
      Le soin envers notre famille consiste en:
      a. La responsabilité matérielle: Il faut la nourrir, la vêtir, la protéger surtout quand un des membres est incapable de subvenir à ses besoins. Honore ton père et ta mère, dit la Bible. Ep.6:2
      b. La responsabilité morale: Il faut instruire notre enfant, l'éduquer pour bien l'élever au sein de la société. Pr.22:6

c. La responsabilité spirituelle: Il faut pratiquer le culte de famille pour attirer sur elle la bénédiction de Dieu. Ep.5:19
2. Il faut prévoir de prêcher la Parole à ses proches parents non-chrétiens en vue de leur conversion pour maintenir avec eux une relation spirituelle. Paul l'a recommandé au geôlier de Philippe. Ac.16:31 Corneille, le capitaine de l'armée romaine l'a bien compris ainsi. Ac.10:24
3. La dévotion en famille est encouragée par Jésus lui-même : « Quand deux ou trois sont unis en son nom, dit-il, je suis au milieu d'eux. Mt.18:20

II. L'économie de cette gérance
1. Elle permet d'instruire l'enfant selon le chemin qu'il doit suivre. Pr. 22:6
2. Elle protège l'intégrité de la famille. L'enfant obéit plus facilement quand il revient du culte de famille.
3. Les divorces sont rares dans les familles où le culte est exercé.
4. On peut alors espérer avoir de nombreux citoyens intègres. Car la justice élève une nation, mais le péché est la ruine des peuples. Pr.14:34

Conclusion
Mettez la Bible au milieu de la famille et Dieu sera au milieu de son avenir.

Questions

1. Quels sont nos devoirs envers nos parents?
   a. Prendre soin de leurs corps, leur âme devant Dieu.
   b. Les amener à Christ s'ils ne sont pas convertis
2. Quels sont nos devoirs vis-à-vis de nos enfants?
   Les instruire et les éduquer chrétiennement, socialement et spirituellement.
3. Est-ce une décision facultative ou obligatoire?
   Obligatoire
4. Pourquoi? Parce que Dieu va nous en demander compte.
5. Quel est l'avantage de la gérance au sein de la famille?
   On aura la paix au foyer, la justice dans la nation et une réduction du taux des divorces.

Leçon 3 La gérance des affaires de Dieu

Versets pour la préparation: 1S.8:4-7;Lu.2:49; 4:18-19; 16:1-12; Ac.1:8; 2:41
Versets à lire en classe: Lu.16:1-12
Verset de mémoire: Si j'annonce l'Évangile, ce n'est pas pour moi un sujet de gloire, car la nécessité m'en est imposée, et malheur à moi si je n'annonce pas l'Evangile! **1Co.9:16**
Méthodes: Discours, comparaisons, questions
But de la leçon: Présenter la gérance chrétienne comme un contrat signé avec Dieu.

Introduction

La gérance des affaires de Dieu est une obligation faite à tous ceux-là qui sont sauvés par grâce et justifiés par la foi. Contrairement aux pharisiens qui n'avaient pas géré le registre de la Loi, les chrétiens sont appelés à se modeler sur Jésus-Christ. La parabole de l'économe infidèle nous offre une excellente comparaison. Lu.16:1-12

I. Israël, l'économe infidèle.

1. Ce récit nous renseigne sur l'infidélité d'un gestionnaire à qui un maître avait confié son domaine et ses avoirs. Il semblait bénéficier d'une grande autonomie, ayant même l'autorité de conclure des contrats en les signant lui-même. Un jour, il fut soupçonné de 'dissiper' les biens de son maître (v.1). Les faits étant prouvés, ce comptable est révoqué après vérification des comptes.

2. Cette parabole dénonce l'infidélité des enfants d'Israël dans leur responsabilité de faire connaitre le vrai Dieu aux païens. Ils ont, de préférence, choisi de ressembler aux autres peuples. Dès lors, Dieu a décidé de les démettre de leur fonction. 1S.8:4-7; Ac.1:8

II. Jésus, l'econome fidèle.
1. Il vient pour s'occuper des affaires de son Père. Lu.2:49 En voici le résumé:
   a. Annoncer la bonne nouvelle aux pauvres
   b. Guérir les cœurs brisés
   c. Libérer les prisonniers
   d. Publier une année de grâce du Seigneur. Lu.4:18-19

III. L'Eglise, le nouveau comptable de Dieu
1. Elle remplace Israël dans sa mission de sauver le monde. Et cette mission débuta à la Pentecôte quand les apôtres reçurent le Saint Esprit. En un seul jour, 3000 âmes étaient sauvées. Ac.2:41
2. L'Evangile a gagné les extrémités de la terre, par échantillons. «Car Dieu a tant aimé le monde...» Jn.3:16; Ac.1:8; 2:1-11 (l'Asie, l'Afrique, l'Europe étaient représentés.)
   a. L'Église doit démontrer sa fidélité dans l'œuvre d'évangélisation. C'est la priorité du Seigneur. Paul l'appelle une nécessité impérieuse. Et il doit retenir

que ce qui importe ce n'est pas l'évangéliste, mais l'Évangile. 1Co. 4:1-2; 9:16

b. Nulle part dans le Nouveau Testament il n'est dit «d'aller partout le monde et danser l'Evangile.»

Conclusion

L'heure du retour de Jésus-Christ dépend de la fidélité de l'Eglise dans l'Évangélisation. Voulez-vous hâter cette heure-là?

Questions

1. Qui sont actuellement les gérants des affaires de Dieu? L'Eglise

2. Qui blâme-t-il dans la Parabole de l'Econome Infidèle? Israël

3. Comment a-t-il assumé cette tache?
Il a voulu plutôt ressembler aux autres nations.

4. Qui est l'économe fidèle? Jésus-Christ

5. Quand a commencé la mission de l'Eglise?
A la Pentecôte, quand les apôtres reçurent le St Esprit

6. Comment pouvons-nous hâter l'avènement de Jésus-Christ? En prêchant l'Evangile.

Leçon 4 La gérance de nos biens

Versets pour la préparation: Mt.25:21; Ac.9:15; 21:37-40; 22:25; 1Co. 4:7; 9:16; 12 :4-12, 28; 13:1-14; 14 :18; Ep.2:10;
Versets à lire en classe: 1Co.12: 4-11
Verset de mémoire: Car qui est-ce qui distingue? Qu'as-tu que tu n'aies reçu: Et si tu l'as reçu, pourquoi te glorifies-tu comme si tu ne l'avais pas reçu? 1Co.4:7
Méthodes: Discours, comparaisons, questions
But de la leçon: Montrer que les biens dont nous avons la jouissance s'accompagnent de responsabilité envers les autres.

Introduction
Dieu ne nous demande de rien faire qu'il n'ait fait auparavant. Il nous entraine et nous équipe pour son œuvre. «Je vous donne des talents: Faites-les valoir.»

I. Faites valoir vos talents ou dons naturels
Dieu nous a dotés tous de dons naturels. Il les sanctifie pour son service au moment de notre conversion. Vous comprendrez pourquoi il a choisi Saul de Tarse pour sa fougue, sa hardiesse et son don des langues. Ac.9 :15; 1Co.14 :18;
   1. Il sanctifie notre profession.
   Elle dérive le plus souvent des dispositions naturelles que Dieu a placées en nous.

Il a changé l'orientation du métier de Pierre: «Avec la nasse de l'Evangile, tu seras désormais, pêcheur d'hommes.»
2. Il sanctifie notre préparation intellectuelle.
3. Pour une mission mondiale, Il a choisi Paul, un universitaire versé dans quatre langues, savoir: le grec, l'araméen, l'hébreu et aussi le latin puisqu'il était romain. Ac.9:15; 21: 37-40; 22:25

II. Faites valoir vos dons spirituels. 1Co.12: 4-11
Dieu a préparé d'avance des œuvres afin que nous les pratiquions. Aussi nous confère-t-il des dons appropriés pour les accomplir. Ep.2:10
1. Don de conseil et de réconciliation par une parole de sagesse. 1Co.12:8
2. Don de connaissance pour exprimer une idée géniale, pour inventer et transformer. V.8
3. Don de foi pour vaincre, guérir, délivrer. Ce don est toujours supporté par une vie de jeûne et de prière. Le don de guérison pour des cas qui étonnent même les médecins. Mt.17:21
4. Don de la prédication pour convaincre par la Parole.v.10
5. Don de discernement pour sonder les choses. V.10
6. Don de parler plusieurs langues intelligibles. V.10
7. Don d'interpréter ces langues. V.10

8. Don de gouverner, d'administrer. Tout le monde ne peut être membre de comité. 1Co.12: 28
9. Tous ces dons doivent avoir pour base l'amour, une vertu qui vient de Dieu. 1Co.13: 1-14

Remarques:
1. Ils sont tous des richesses à la cession desquelles on ne sera pas pour autant appauvri. Ce sont des richesses injustes, c'est-à-dire des richesses pour lesquelles on n'a pas travaillé. Un jour, dans le ciel, dans la présence éternelle de Dieu, nous serons comblés par la reconnaissance de ceux-là qui sont sauvés grâce à l'exercice de nos dons. On ne les a pas pour se glorifier mais pour servir. Paul dira: «Si je prêche l'Evangile, ce n'est pas pour moi un sujet de gloire, mais parce que la nécessité m'en est imposée. Et malheur à moi si je ne prêche pas l'Évangile». 1Co.9:16
2. Et à ceux qui croient s'en glorifier, il dira: «Qu'as-tu que tu n'aies reçu? Et si tu l'as reçu, pourquoi te glorifies-tu comme si tu ne l'avais pas reçu? 1Co.4:7

Conclusion
Remercions Dieu d'avoir fait appel à nous comme des serviteurs inutiles qu'il a privilégiés pour sa gloire.

Questions

1. Depuis quand avons-nous des dons naturels?
   Dès la naissance

2. Qu'est-ce que Dieu en a fait?
   Il les sanctifie pour son service.

3. Donnez deux exemples. Il change Pierre le pêcheur de poissons en pêcheur d'hommes, il choisit Paul un universitaire pour une mission mondiale.

4. Citez 5 dons spirituels
   Don de conseil, de connaissance, de foi, de guérison, de prêcher.

5. Comment Jésus les considère-t-il?
   Comme des richesses injustes.

6. Que veut dire ici «richesses injustes»?
   Des biens qu'on a et pour lesquels on n'a pas travaillé.

Leçon 5 La gérance de notre argent.

Versets pour la préparation: Lev.7 :11-13; Mt.12 :30; Lu.20:22-25; 2Co.9:7; 1Ti.6:6-12
Versets à lire en classe: 1Ti.6:6-12
Verset de mémoire: Car l'amour de l'argent est une racine de tous les maux; et quelques-uns en étant possédés se sont égarés loin de la foi, et se sont jetés eux-mêmes dans bien des tourments. 1Ti.6:10
Méthodes: Discours, comparaisons, questions
But de la leçon: Nous rappeler que Dieu va nous demander compte de notre argent.

Introduction
L'une des plus grandes erreurs à éviter, c'est de croire que nous sommes riches pour nous-mêmes. C'était l'erreur de l'homme riche. Qu'elle ne soit pas la nôtre. Comment donc gérer notre argent?

I. Distinction à faire:
Il faut savoir distinguer entre le nécessaire et l'utile, entre l'utile et l'indispensable. Il faut donc un budget pour ne pas dépenser comme des fous. Il nous faut prévoir de verser:
1. La part de César: Ce sont les taxes à payer à l'Etat. Il nous retourne en des services les taxes qu'il perçoit. Sinon, il va nous contraindre à les payer. Lu.20 :22-25
2. La part de Dieu. Ce sont les dîmes et les offrandes.

a. La dîme est ce que tous nous devons remettre à Dieu. Mal.3 :10
b. Les offrandes lui sont données selon nos moyens, notre générosité et notre intimité avec Lui. Lév.7 :11-13
Paul nous recommande de les mettre à part chaque dimanche, de les donner avec joie, avec conviction de cœur et sans contrainte. 2Co.9:7

3. Ce qu'il faut épargner.
 a. Si peu qu'il soit, on doit épargner de l'argent car la fortune est comme un oiseau. Elle a des ailes. Elle peut s'envoler et nous laisser avec du chagrin.
 b. L'épargne est ce qu'on économise pour demain. Elle est une discipline morale qui ne devrait pas fléchir devant les décisions émotives.

Cependant si nous croyons épargner en refusant de payer nos dîmes et contribuer nos offrandes, Jésus nous dit que nous perdons à l'avance. Celui qui n'est pas mon associé, court à la faillite. Mt.12:30

Conclusion
Soyons bon joueur. Jésus est l'arbitre infaillible.

Questions

1. Pourquoi Dieu nous a-t-il donné des richesses?
   Pour servir les autres

2. Comment gérer notre argent?
   Nous devons payer l'impôt et la dîme

3. Peut-on faire pression sur un chrétien pour le forcer à contribuer?
   Non. Il doit donner avec joie, avec conviction de cœur et sans contrainte.

4. Pourquoi doit-on épargner?
   a. Parce que l'argent peut venir à nous manquer.
   b. Parce qu'on peut avoir des projets d'avenir.

5. Qui est témoin de toutes nos dépenses? Le Seigneur Jésus

Leçon 6 La gérance de notre temps.

Versets pour la préparation: Ps.23:2; Ec.3 :1; La.3 :26; 104:23; Mt.10 :5-6; Mc.1: 35-38; 6:31; Lu.10:1-12; Jn. 2:2-5; 7:3-7; 8:29; 9:4; 17: 1-26; Ac.1:8; 1Ti.4:13

Versets à lire en classe: Il faut que je fasse, tandis qu'il est jour les œuvres de celui qui m'a envoyé; la nuit vient où personne ne peut travailler. **Jn.9:4**

Verset de mémoire: Rachetez le temps car les jours sont mauvais. Ep.5:16

Méthodes: Discours, comparaisons, questions

But de la leçon: Montrer que Dieu nous donne le temps pour préparer l'éternité.

Introduction
La notion du temps a toujours était un souci majeur pour le Seigneur. Nul ne peut le presser. Il met toujours un intervalle entre la requête et la réponse. Comment définir cet intervalle?

I. Intervalle entre la requête et la réponse.
1. La volonté de Dieu. Elle doit être entre notre requête et la réponse du Seigneur.
2. Dieu va répondre à notre demande suivant sa divine volonté. C'est pourquoi Jésus ajoutera « Que ta volonté soit faite sur la terre comme au ciel».
3. Le temps d'augmenter notre foi et notre patience. Ce qui est une urgence pour nous peut ne pas l'être pour Dieu. Il est donc bon d'attendre en silence ou persévérance la réponse de l'Eternel. La.3 :26

II. Exemples de Jésus dans la gérance du temps.
1. Il prie le Père avant de faire quoique ce soit dans le temps.
2. Il a un temps pour l'enseignement. Ex. Le Sermon sur la Montagne.
3. Il a un temps pour sortir et prêcher. Mc.1:38
4. Il a un temps pour entrainer les disciples. Lu. 10:1-12
5. Même il avait un plan d'après lequel il doit aller d'abord vers les brebis perdues de la maison d'Israël. Mt.10:5-6 Le temps viendra où il enverra les apôtres vers les païens. Ac.1: 8
6. Il met Dieu au courant de tout ce qu'il fait. Jn .8:29
7. Il a un temps pour parler à son Père, seul. Mc.1:35; Jn.17 :1-26
En somme, il a un temps pour chaque chose. Ec.3 :1

III. La gérance de notre temps
1. Le chrétien doit respecter
   a. Ses heures de travail ou d'étude. 1Ti.4:13
   b. Ses heures de repos ou de méditation. Ps.23:2; Mc.6:31. Il doit se reposer au soir. Ps.104:23. La nuit vient où personne ne peut travailler, dit Jésus. Jn.9:4
   c. Ses heures de prière. Son programme ou son plan d'action ne doit obéir à

aucun caprice d'amis ou de famille ; d'où la nécessité pour lui de prier Dieu en tout temps. Jn.2:2-5 ; 7:3-7 Car toute décision sans Lui est un faux pas vers la catastrophe. Tout ce que nous faisons doit converger à préparer l'éternité. Si on ne peut trouver du temps pour Dieu, le maître du temps, il ne pourra pas, en vérité, nous donner l'éternité.

Conclusion
Rira bien qui rira le dernier.

Questions

1. Comment remplir l'intervalle entre notre requête et la réponse de Dieu?
   a. La volonté de Dieu
   b. La persévérance dans la prière
   c. La foi et la patience pour attendre.
2. Comment Jésus gère-t-il son temps?
   Il a un temps pour chaque chose.
3. Comment devons-nous gérer notre temps?
   a. En respectant nos heures d'étude ou de travail
   b. En respectant nos heures de repos et de méditation.
4. Qu'arrive-t-il si Dieu n'est pas au courant de notre action?
   Nous commençons avec un faux pas pour finir par une catastrophe.

Leçon 7 La gérance de notre corps.

Versets pour la préparation: Ge.1:29; 9: 3-5; Le.11:7; Mt.18:19-20; Jn.1:12; 3:6; 1Co.6:13-20;10:25-26; 1Th.5:23; 1Ti.4:3-5, 8; Ap.3:20
Versets à lire en classe: 1Co.6:13-20
Verset de mémoire: Fuyez la débauche. Quelque autre péché qu'un homme commette, ce péché est hors de son corps. Mais celui qui se livre à la débauche, pèche contre son propre corps. 1Co.6:18
Méthodes: Discours, comparaisons, questions
But de la leçon: Rappeler à tous que Dieu est le propriétaire du corps dont nous ne sommes que des locataires privilégiés. Il va nous en demander compte.

Introduction
L'homme est un tout. Il doit gérer le tout. Il doit rendre compte du tout au maître de tout.

I. Ce qu'il est sans Dieu.
Il était Adam, sans péché, semblable à Dieu. L'homme était corps, âme et esprit. Il était destiné à vivre dans le paradis terrestre sans jamais mourir. A cause du péché, il devient seulement corps et âme. L'âme est la partie immatérielle de l'homme qui utilise le corps comme un instrument pour se faire comprendre. Elle vient avec toutes ses facultés pour se loger dans le corps, jusqu'au jour où elle doit le quitter. Tous les fils d'Adam ont ce corps et cette âme. Ge.9 :4-5

I. Ce qu'il est avec Dieu.

1. Il est redevenu fils de Dieu ayant corps, âme et esprit. En voici le procédé:
a. L'âme entre dans le corps à la naissance. Mais l'esprit entre dans l'homme à la nouvelle naissance. Car ce qui est né de l'esprit est esprit. Jn.3:6
b. Nul ne peut choisir son corps et son âme non plus. Ainsi il ne peut choisir ses parents, son sexe et sa couleur ni ses dons innés. Ce qui est né de la chair est chair. Jn.3:6
c. Mais il doit choisir de devenir enfant de Dieu par sa libre volonté. Jn.1: 12; Ap.3:20

II. **Sa responsabilité envers le corps. 1Th.5:23**
1. Le conserver dans la sainteté.
a. Par une bonne hygiène physique et spirituelle. Le corps est le temple de Dieu. 1Co.6:19-20
b. Par une bonne nourriture. Elle doit être saine, équilibrée prise avec sobriété. Certaines formes d'indigestion et bien des maladies viennent d'un manque de maitrise dans le boire et le manger. Dieu nous dicte notre diète suivant le lieu, l'époque, le tempérament et la culture.
1) Au Jardin d'Eden: Fruits et légumes. Ge.1:29;
2) Après le déluge: Fruits, légumes et la viande, avec un peu de restriction. Ge. 9:3-5
3) Sous la loi: Fruits, légumes et la viande avec beaucoup de restrictions. Lé. 11:7

4) Sous la grâce Toutes les restrictions sont enlevées.
1Co. 10:25-26; 1Ti.4:3-5
c. Par le sport régulier. Certains négligent le sport sous prétexte que le jeu c'est l'affaire des enfants. Et si vous ne maintenez pas le corps en bonne santé, comment pourrez-vous aller et prêcher par tout le monde?
Mt.28:19-20; 1Ti.4:8; 1Th.5: 23
d. Par un bon sommeil. Il doit être fait aux heures régulières pour réparer le corps, l'âme et l'esprit. Autrement, on perd la maitrise de soi, on se livre à des cauchemars qu'on peut malheureusement prendre pour des visions apocalyptiques. Au fait ce sont des songes de mensonge desquels le prophète Jérémie nous met en garde.
Ps.104:20-23; Je.23: 25-28
e. Par l'éloignement des désordres de la chair: la fornication, la masturbation et bien d'autres encore.
Ro. 8:5-6; 1Co.5:11

Conclusion
Regardez à Dieu pour lui ressembler afin d'éviter des surprises désagréables au dernier jour.

Questions

1. De combien de parties l'homme est-il composé? Du corps de l'âme et de l'esprit.
2. Qui est-il sans Dieu? Corps et âme
3. Pourquoi? A cause du péché.
4. Peut-on choisir son corps? Non
5. Quelle sont nos obligations envers le corps? De le garder dans la sainteté intérieure et extérieure.
6. Comment? Par une bonne hygiène, par une nourriture sainte, par le sport régulier, un bon sommeil et le renoncement aux désordres de la chair.
7. Pourquoi? C'est la propriété de Dieu.

Leçon 8 La gérance de notre âme.

Versets pour la préparation: Ps.1:1-6; 119:11, 105; Ez.18:20; Mt. 4:4-10; 12:36; Mc.4:24; Jn.16:13; 1Co.15:33; 2Co.5:10; Ep.5: 18-21; Col.3:1; 1Ti.4:13; He.13:7; 1Jn.2:15-17; Ap.7:15
Versets à lire en classe: Col.3:1-3
Verset de mémoire: Et que sert-il à un homme de gagner tout le monde s'il perd son âme? Mc.8:36
Méthodes: Discours, comparaisons, questions
But de la leçon: Montrer que notre âme c'est nous-mêmes en action dans un corps comme moyen d'expression.

Introduction
Si Dieu nous donne le corps comme un véhicule, l'âme est le chauffeur qui le conduit. L'homme doit savoir comment gérer son âme.

I. La gérance de notre état d'âme.
1. Il faut une sélection des éléments nécessaires pour meubler notre âme.
   a. Les bonnes compagnies. Ps. 1:1-6; 1Co.15:33; Ep.5:18-21
   b. Les bonnes lectures. Ps.119: 11,105. 1Ti.4:13. Une mauvaise parole peut détruire toute votre vie.
   c. Le travail sous la dictée de l'Esprit. Jn.16:13
   d. La façon de gérer notre langue, car on sera justifié ou condamné par ses paroles. Mt. 12 :36
   e. La façon de gérer nos yeux.

Mt.4 :4-10; 1Jn.2 :15-17
f. La façon de gérer nos oreilles. Nous en sommes tellement responsables que Jésus nous dit de prendre garde à ce que nous entendons. Mc.4:24
g. Les saines distractions. Les CD, les DVD, le Cinéma, les avantages de l'Internet, s'ils n'ont pas la vertu de vous édifier, de vous élever, de vous épanouir, ils doivent être rejetés. Le corps ne va pas de lui-même dans les milieux mondains. (Night Club, Casino, disco. Nude ...). Il obéit à l'âme qui l'y amène. C'est pourquoi la Bible ne dit pas que « le corps qui pèche est celui qui mourra, mais «l'âme qui pèche...» Ez.18:20 Le corps ira dans la poussière d'où il a été pris, mais l'âme doit comparaitre devant Christ pour être jugée pour ce qu'elle avait fait dans le corps. 2Co.5:10
2. Il faut l'orienter vers les choses d'en haut. Col.3:1
   a. L'exposer à l'étude de la Bible. Ps.119:11; Mt.4:4
   b. L'entrainer à la louange à Dieu, car elle aura à louer Dieu jour et nuit dans l'éternité. Ap 7:15
   c. L'habituer à prêcher l'Evangile et à servir le prochain grâce à l'esprit de Dieu qui l'inspire. Mt.28:19-20; He.13:7

Conclusion

Que chacun de vous puisse dire: « Si je vis, ce n'est plus moi qui vis, mais c'est Christ qui vit en moi»

Questions

1. Comment gérer son âme?
   a. En l'exposant à de bonnes compagnies,
   b. A la lecture de bons livres
   c. Aux beaux films
   d. Au travail sous la dictée de l'Esprit

2. Que faut-il éviter?
   a. De regarder les mauvaises choses,
   b. D'entendre la médisance et la moquerie
   c. Les programmes malsains à la Télévision, à l'internet et à la radio

3. Qui est responsable de nos souillures? L'âme

4. Cochez celui qui va subir le jugement. __ Le corps __ l'âme

5. Comment orienter notre âme?
   a. L'exposer aux choses d'en-haut
   b. L'entrainer à la louange
   c. L'habituer à servir Dieu et le prochain

Leçon 9 La gérance de notre esprit

Versets pour la préparation: Ps.147:15; Mt.12: 32; 17;21; Jn.1:12; 19:30; 20:17-19; Ac.2:16-18; 7:51,59; 16: 25; 13:2; 1Co.2:11; Ep.6:4:30; 18-21;Hé.13:15

Versets à lire en classe: Ep.6:18-21

Verset de mémoire: Faites en tout temps par l'esprit toutes sortes de prières et de supplications. Veillez à cela avec une entière persévérance, et priez pour tous les saints. **Ep.6:18**

Méthodes: Discours, comparaisons, questions

But de la leçon: Montrer notre ressemblance avec Dieu à partir de son esprit qu'il a fait habiter en nous.

Introduction

Si notre corps obéit à l'impulsion de l'âme, l'âme obéit-elle aux ordres de l'esprit? Pourquoi l'apôtre nous demande-t-il de garder le corps, l'âme et l'esprit sans tache jusqu'à l'avènement de notre Seigneur Jésus-Christ? 1Th.5 :23

I. Définition :

L'esprit est cette essence divine que Dieu a placée en nous pour nous rendre semblable à Lui. Il nous en donne suffisamment pour établir entre lui et nous une relation de Père au fils depuis le jour de notre conversion.
Jn.1:12; Ac.2:16-18

II. L'esprit est bien disposé. Il ne peut jamais se fatiguer.
   a. Il est le véhicule de communication avec le Père et il supprime toute distance. Ps.147:15 En guise de preuve, Jésus est monté au ciel le jour de sa résurrection. Il est revenu le soir même, au milieu des disciples, sans aucun signe de fatigue. L'Esprit est toujours bien disposé. Jn.20: 17-19 Par lui, Dieu nous révèle des choses cachées. 1Co.2: 11
   b. Il nous fait ressembler à Dieu par une filiation spirituelle. Cette ressemblance est possible si seulement nous marchons selon son Saint Esprit. Il ne nous laisse qu'à la mort pour aller au Père. Comme exemple, Jésus et Etienne ont eu cette expérience notoire. Jn.19: 30; Ac.7: 59
   Si nous voulons lui passer des ordres, Il s'écarte de nous, il s'éteint, il s'attriste, il se tait. Il arrive un moment où l'âme est morte et connait une condamnation éternelle, dit Jésus. Mt.12:32; Ac.7:51; Ep.4: 30

II. Il doit être maintenu dans une atmosphère spirituelle:
   1. Une vie de jeûne et de prière. Mt.17:21; Ep.6:18
   2. Une vie de louange à Dieu malgré les circonstances. Ac.16:25; He.13:15
   3. Une vie de service pour Dieu. Ac.13:2

Conclusion

Si vous pouvez seulement invoquer le Seigneur qui ne se lasse pas de pardonner, c'est une preuve que l'esprit n'est pas encore éteint en vous. Dépêchez-vous pour vous réconcilier avec lui et avoir le visa pour l'éternité.

Questions

1. Quelle est l'attitude de l'esprit? Il est toujours bien disposé.

2. Quelle est sa place en nous?
   a. Il nous révèle des choses cachées
   b. Il établit la relation entre nous (corps et âme) avec Dieu qui est Esprit.

3. Comment le reconnaitre en nous?
   Il nous fait ressembler à Dieu.

4. Comment le maintenir en nous?
   Par une vie de prière, de jeûne, de service

Leçon 10 La gérance de l'âme de notre prochain.

Versets pour la préparation: 1S. 16:7; Ose.4:6; Lu.10:25-37; 17:10; Ja. 1 :27
Versets à lire en classe: Mt.22:41-46
Verset de mémoire: Comme le corps sans esprit est mort, de même la foi sans les œuvres est morte. Jc.2:26
Méthodes: Discours, comparaisons, questions
But de la leçon: Expliquer notre raison d'être sur la planète par rapport aux autres hommes.

Introduction
«Qui est mon prochain?» Seul Jésus, dans sa sagesse infinie daignerait répondre à cette question insensée des pharisiens. La raison c'est qu'il avait un but caché que nous allons découvrir. Quel était ce but caché?

I. C'était son message aux païens.
1. Il faut l'exposition de ces âmes à l'Evangile par des réunions en plein air, par l'évangélisation personnelle de porte à porte, des émissions à la radio, par des versets écrits sur des panneaux publicitaires, sur les pare-chocs des autos et par la distribution des pamphlets évangéliques.
Remarquez une chose que nous n'avions pas apprise des apôtres:
Ils étaient douze mais n'avaient pas formé un groupe d'hommes pour chanter. Autrement leur mission resterait à Jérusalem.

Leurs femmes n'avaient pas formé un groupe des dames pour chanter. Christ n'avait jamais dit «d'aller partout le monde chanter l'Évangile». Ces groupes sont nécessaires dans notre milieu. Ils facilitent l'intégration des nouveaux venus dans une ambiance sociale et spirituelle. Ils sont d'un grand aide pour le pasteur dans les programmes internes de l'Eglise. Mais s'ils ne sont pas actifs dans l'Évangélisation, nous auront vite produit des gens trop importants pour créer la division. Sachez que Dieu fait peu de cas des gens qui se croient importants mais il s'intéresse aux humbles, aux serviteurs inutiles. Ps.138 :6; 1S.16:7; Lu. 17:10
2. La Bible ne dit pas que mon peuple (Eglise) est détruit faute de CD, faute de guitare ou de tambour, mais faute de connaissance de la Bible. Ose.4:6.
3. Si vous n'allez pas prêcher l'Evangile, vous exposez votre prochain à la mort. Hypocritement, vous diriez comme les pharisiens « Et qui est mon prochain?» Lu.10: 29, 36-37
Et qui sont 'ils si ce n'est la bande des inconvertis égarés dans le monde?

II. Il implique les œuvres sociales.
1. Notre évangile exige les services à rendre au prochain pour aider avec les besoins primaires: le logement, la santé, l'instruction, la nourriture, les conseils aux

célibataires, aux abandonnés, aux prisonniers, aux drogués, aux mères monoparentales. C'est la religion pure et sans tache devant Dieu, où nous montrerons la foi par nos œuvres. Ja.2 :18, 26

2. Servir le prochain pour sauver son âme et protéger son corps déborde les barrières de race et de religion. Vous ne gagnez pas la personne pour votre Église ou votre groupe, mais pour le Seigneur. Ja.1:27

Conclusion
Le maître de la vigne viendra avec le salaire de chacun. Êtes-vous sûr d'être sur son payroll?

Questions

1. Qui disait à Jésus: «Qui est mon prochain?»
   Les pharisiens

2. Qui sont nos prochains? Tous les inconvertis.

3. Comment gérer l'âme du prochain?
   En lui prêchant la Parole pour l'amener à Christ

4. Quel devrait être le rôle des groupes dans l'Eglise?
   Prêcher la Parole en vue de gagner les âmes pour Christ.

5. Quel est le rôle des œuvres sociales?
   Montrer la foi par nos œuvres.

Leçon 11 La gérance de l'âme de notre frère.

Versets pour la préparation: Ge.4:9, 14; Le.15:11; Mt.25:34-41; 1Co.5:11; Ga.6:1; 2Th.3:6; 1Ti.5:22; 2Jn.10-11; Ju.23
Versets à lire en classe: Mt.25: 38-46
Verset de mémoire: L'Eternel dit à Caïn « Où est ton frère Abel? Il répondit: Je ne sais pas. Suis-je le gardien de mon frère?» Ge.4: 9
Méthodes: Discours, comparaisons, questions
But de la leçon: Montrer l'étendue de notre responsabilité envers ceux d'une même famille.

Introduction
Seul Caïn a pris la chance de dire à Dieu lui-même: « Suis-je le gardien de mon frère?» Si vous croyez faire comme lui, prenez dès maintenant, la route du juif errant comme vagabond sur la terre.» Ge.4 : 14 Comment peut-on être le gardien de son frère?

I. La gérance de l'âme de notre frère
a. Il a besoin de notre exhortation. Ga.6:1
b. Il a besoin de notre présence. Mt. 25:36
c. Il a besoin de notre support moral et matériel. Mt. 25: 35-36
e. Il a besoin de notre assistance. Ce n'est pas la caisse de secours de l'Eglise qui doit l'aimer mais vous. Quand le berger sauve le mouton, il le passe derrière son cou pour le porter à partir des pattes.

Ainsi la tête du mouton et sa puanteur incommodent le berger mais il ne s'en fait pas.
A notre tour de descendre dans la vallée de souffrance avec nos frères pour les en tirer par notre compassion et notre miséricorde.

II. Les restrictions à cette gérance.
1. On doit éviter de particper au péché d'autrui. Gal.6: 1; 1Ti.5:22
2. On doit éviter de discuter avec les gens qui ne reconnaissent pas Jésus-Christ comme Dieu. 2Jn.10-11
3. On doit s'éloigner de tout frère qui vit dans le désordre. Lev. 15: 11; 2Th.3:6
4. On doit refuser de manger avec eux. 1Co.5:11
5. On doit même refuser de leur presser la main.   Lev.15: 7, 31; Ju.23

Conclusion
Prenons la crainte de Dieu pour bordure et la foi pour bouclier, puis allons bon train avec les enfants de lumière.

Questions

1. Qui disait à Dieu « Suis-je le gardien de mon frère?» Caïn

2. Comment gérer l'âme de notre frère?
   a. En lui donnant notre support spirituel en priant avec lui
   b. En lui donnant notre support moral par des conseils et des exhortations
   c. En lui adressant des mots d'encouragement.

3. Y a-t-il des restrictions à cette gérance? Lesquelles
   a. On doit éviter de participer à ses erreurs
   b. On doit éviter des arguments
   c. On doit s'éloigner de tout frère qui vit dans le désordre.

4. Quelle doit être notre limite? La crainte de Dieu

5. Quel est notre bouclier? La foi en Jésus.

Leçon spéciale
Jean Huss, précurseur notoire de la Réformation

Textes pour la préparation: Ro.8: 26-38
Texte pour la classe: Ro.8:35-38
Verset de mémoire: Car j'ai l'assurance que ni la mort, ni la vie, ni les anges, ni les dominations, ni les choses présentes, ni les choses à venir, ni les puissances, ni la hauteur, ni la profondeur, ni aucune autre créature ne pourra nous séparer de l' amour de Dieu manifesté en Jésus-Christ notre Seigneur. Ro.8 :38-39
Méthodes: Discours, comparaisons, questions.
But: Raffermir notre conviction chrétienne devant les persécutions pour Christ.

Introduction
Quand on tient pour la vérité, ne sera-t-on pas persécuté pour elle ? Dans quel monde a vécu Jean Huss?

I. Biographie:
Jean Huss est né le 6 juillet 1369 à Hussinetz au sud de la Bohême en Moravie et mourut martyr à Constance. Quoiqu'issu de parents pauvres, il fit de brillantes études à l'Université de Prague au point d'en devenir le doyen à la faculté de philosophie. Sa renommée étant parvenue à la cour du roi Wenceslas, la reine Sophie de Bavière le choisit pour son chapelain. (1)

II. Condition morale de l'époque :

1. La corruption, l'ivrognerie, la débauche des nobles et du clergé, l'immoralité en somme battait son plein dans l'empire. En ce temps-là, Jean Huss inspiré des écrits de Jean Wiclef dénonçait les bassesses des grands et blâmait la vente des indulgences. Trois jeunes gens qui l'appuyaient furent arrêtés et tués. Par un matin d'octobre le pape envoya des huissiers pour arrêter Huss dans son église à Bethleem, à Prague. Les membres de l'Eglise opposèrent aux policiers une si forte résistance que ceux-ci furent obligés d'abandonner leur projet. Depuis lors, les persécutions commencent à s'abattre sur Jean Huss.
2. Devant les menaces répétées, ses fidèles lui ont conseillé de quitter pour un temps la ville de Prague.

III. Evènement :

A ce moment, trois papes se disputaient la chaire de Saint Pierre : Alexandre V de Pise, Grégoire XII de Rome et Benoit VIII d'Avignon. Alexandre V n'a pas fait long feu, Jean XXIII lui succéda. Devant un tel schisme, l'Empereur Sigismond convoqua un concile à Constance pour élire un seul pape. Il profita de cette circonstance pour y faire comparaitre Jean Huss comme hérétique. Hypocritement, il lui donne un sauf-conduit pour garantir sa sécurité. Mais le jour de la présentation, l'empereur a livré Jean Huss par son silence devant les accusations non fondées des adversaires.

IV. Jugement
Jean Huss fut condamné à être brulé vif.
1. On empila autour de lui du bois jusqu'au menton. Pendant ce temps, Huss chantait à haute voix des Psaumes et priait pour que Dieu pardonne à ses ennemis. Avant d'allumer le feu du bûcher, le maréchal de l'empire lui demanda si, dans ce dernier moment, il ne voulait pas abjurer ses erreurs et sauver son âme et sa vie. Jean Huss déclara : « Quelles erreurs ?... J'appelle Dieu à témoin que tout ce que j'ai écrit et prêché l'a été en vue de sauver les âmes du péché et de la perdition ; et ce que j'ai écrit et prêché, je le scelle aujourd'hui volontiers de mon sang. » (2)
2. Le feu fut mis au bûcher, et comme les flammes l'entouraient, Huss commença à chanter à haute voix : « Jésus, fils du Dieu vivant, aie pitié de moi ! » Dieu a entendu son cri: Ses souffrances furent de courte durée. Une épaisse fumée poussée par le vent, l'a étouffé avant que son corps fut consumé. Ses os furent calcinés et ses cendres recueillies furent jetées dans les eaux du Rhin.

IV. Résultat:
Les Eglises sont subitement réveillées et rien ne pouvait éteindre la flamme de leur persévérance.

Conclusion
Dieu n'a pas épargné son propre fils, mais sa mort a servi à la rédemption de plusieurs. Ro.8 :32 Ainsi poursuivit 'il le même exemple dans les martyres comme Jean Huss, le précurseur de la Réformation pour le plein épanouissement de l'Evangile. Acceptons donc d'être martyre pour Jésus, la Vérité.

1. Histoire de l'Eglise, p.371
2. Op.cit. p. p.402

Questions

1. Où est né Jean Huss ?
   A Hussinetz dans la ville de Prague

2. Qui était son mentor ? Jean Wiclef

3. Qui l'a employé comme chapelain ?
   La Reine Sophie de Bavière.

5. Où fut'il jugé ? Au concile de Constance

6. Qui lui promettait un sauf-conduit ?
   L'empereur Sigismond

7. Comment a-t-il trahi Jean Huss.
   Par un silence lâche et l'hypocrisie.

8 Comment mourut 'il ?
   Brulé sur le bûcher.

9. Quelle était son attitude devant la mort ?
   a. Celle d'un chrétien: Il demande pardon à Dieu pour ses ennemis.
   b. Celle d'un martyre : Il remet son âme à Dieu en réclamant sa pitié.
   c. Celle d'un réformateur : Il maintient sa conviction jusqu'à la mort.

Récapitulation des versets

Leçon 1 La notion de gérance dans l'Ancien Testament
L'Éternel Dieu prit l'homme, et le plaça dans le jardin d'Éden pour le cultiver et pour le garder. Ge.2:15

Leçon 2 La notion de gérance dans le foyer chrétien.
Si quelqu'un n'a pas soin des siens et principalement de ceux de sa famille, il a renié la foi, et il est pire qu'un infidèle. 1Ti.5:8

Leçon 3 La notion de gérance dans les affaires de Dieu
Si j'annonce l'Évangile, ce n'est pas pour moi un sujet de gloire, car la nécessité m'en est imposée, et malheur à moi si je n'annonce pas l'Evangile! 1Co.9:16

Leçon 4 La gérance de nos biens
Car qui est-ce qui distingue? Qu'as-tu que tu n'aies reçu: Et si tu l'as reçu, pourquoi te glorifies-tu comme si tu ne l'avais pas reçu? 1Co.4:7

Leçon 5 La gérance de notre argent
Car l'amour de l'argent est une racine de tous les maux; et quelques-uns en étant possédés se sont égarés loin de la foi, et se sont jetés eux-mêmes dans bien des tourments. 1Ti.6:10

Leçon 6 La gérance de notre temps
Il faut que je fasse, tandis qu'il est jour les œuvres de celui qui m'a envoyé; la nuit vient où personne ne peut travailler. Jn.9:4

Leçon 7 La gérance de notre corps
Fuyez la débauche. Quelque autre péché qu'un homme commette, ce péché est hors de son corps. Mais celui qui se livre à la débauche, pèche contre son propre corps. 1Co.6:18

Leçon 8 La gérance de notre âme
Et que sert-il à un homme de gagner tout le monde s'il perd son âme? Mc.8 :36

Leçon 9 La gérance de notre esprit
Faites en tout temps par l'esprit toutes sortes de prières et de supplications. Veillez à cela avec une entière persévérance, et priez pour tous les saints. Ep.6:18

Leçon 10 La gérance de l'âme du prochain
Comme le corps sans esprit est mort, de même la foi sans les œuvres est morte. Jc.2:26

Leçon 11 La gérance de l'âme de notre frère
L'Eternel dit à Caïn « Où est ton frère Abel? Il répondit: Je ne sais pas. Suis-je le gardien de mon frère?» Ge.4: 9

Leçon 12 Reformation.
Car j'ai l'assurance que ni la mort, ni la vie, ni les anges, ni les dominations, ni les choses présentes, ni les choses à venir, ni les puissances, ni la hauteur, ni la profondeur, ni aucune autre créature ne pourra nous séparer de l' amour de Dieu manifesté en Jésus-Christ notre Seigneur. Ro.8 :38-39

Série 3

Les Serviteurs de Dieu dans la Bible

Avant-propos:

Parler de cette catégorie de gens est, apparemment, de peu d'intérêt, pour la simple raison qu'ils sont, par la nature même de leur tâche, considérés comme des quantités négligeables. Cependant s'ils sont oubliés dans la mémoire des hommes, il n'en est pas ainsi dans les registres du Seigneur. Au jour de la remise des couronnes, il dira : «Venez bon et fidèle serviteur». La Bible en parle de plusieurs. Tachez d'être compté parmi les meilleurs et d'être appelé de ce nom au dernier jour.

Rev. Renaut Pierre-Louis

Leçon 1 Eliézer, serviteur d'Abraham

Textes pour la préparation: Ge.15:1-6; 24:1-67
Texte à lire en classe: Ge.15:1-2; 24: 1-8
Verset de mémoire: Et il dit: «Eternel, Dieu de mon seigneur Abraham, fais-moi, je te prie, rencontrer aujourd'hui ce que je désire, et use de bonté envers mon seigneur Abraham. **Ge.24:12**
Méthodes: Discours, comparaisons, questions
But: Montrer le respect et la fidélité d'un serviteur envers son maître.

Introduction

Eliezer! Ce nom nous est parvenu pour la première fois à la faveur d'un dialogue entre l'Eternel et Abram. Quand Dieu promit à celui-ci de le protéger et de le bénir, il sauta sur l'occasion pour lui dire: «Que me donneras-tu? Je m'en vais sans enfants; et l'héritier de ma maison c'est Eliézer de Damas.» Qui était cet Eliézer? Ge.15:2

I. Son Identification.
1. Origine: Il était un juif d'origine syrienne. Ses parents venaient de Damas en Syrie, la ville réputée la plus ancienne et qui existe encore aujourd'hui.
2. Qualifications:
   a. Fils de l'une de ses servantes, il a grandi sous ses yeux et formé d'après ses principes. Ge.15:3

    b. Devenu son homme de confiance, il occupa le poste de comptable de tous ses biens. Ge.15:2; 24:2
    c. Ainsi, se voyant âgé et sans espoir d'accueillir une postérité, Abram le vanta à Dieu comme son futur héritier. Ge.15:2
    d. Malheureusement Dieu n'avait pas prévu de privilégier un syrien comme héritier de l'alliance.
    e. Eliézer était un intime de son maître. Quand Abraham voulut marier Isaac, Il confia à ce serviteur le soin de faire le choix de l'épouse. Eliézer a juré de lui obéir. L'expression «Mets ta main sous ma cuisse.» évoque l'idée de profonde intimité et d'un serment prêté avec la ferme volonté de l'accomplir. Ge.24:9

II. Sa mission.
Se rendre en Mésopotamie, le pays natal de son maître, en vue de sélectionner cette femme. Autant dire qu'Abraham ratifie d'avance le choix qu'aurait fait son serviteur. Comment va-t-il s'y prendre pour tenir parole?
    1. Il va prendre fait et cause pour lui seul. Abraham lui interdit d'y amener Isaac pour éviter une décision émotive. Il jura d'en respecter les consignes. Ge.24: 9
    2. Il apporta avec lui tous les biens de son Seigneur sans avoir certes, l'intention de les détourner. Ge.24:10

3. Il pria Dieu de le guider dans ses démarches. A la réponse à cette prière, il bénit Dieu et l'adore. Ge.24:12-14, 48
4. Il parle en bien de son maître devant tous. Ge.24: 34-35
5. En indiquant Abram et Isaac avec le titre de Seigneur, Il veut faire montre d'un profond respect pour eux, même en leur absence. Ge.24: 9, 12, 65
6. Il fit part aux parents de la jeune fille du but de son voyage. Ge.24:39-44
7. Les parents ainsi que la jeune fille donnèrent leur assentiment. Ge.24:50
8. Sa mission accomplie, il ne tardera pas à repartir. Ge.24:56
La Bible ne parlera guère de lui après le mariage d'Isaac d'avec Rébecca. Son nom s'évanouit pour jamais dans l'anonymat. Eliézer a vécu en bon et fidèle serviteur.

Conclusion
Soyons fidèles comme lui dans notre relation avec notre Seigneur pour espérer des compliments au dernier jour.

Questions

1. Qui était Eliézer? Serviteur d'Abraham

2. Quelle était sa nationalité? Juif d'origine syrienne

3. Quel était son rôle chez Abraham? Comptable

4. Quelle mission spéciale lui était-il confiée? Choisir une femme pour Isaac.

5. Comment s'était-il acquitté de sa tâche?
   a. Il pria Dieu de lui donner des signes
   b. Il apporta avec lui tous les biens de son Seigneur
   c. Il fit la connaissance de Rébecca, la fille de Béthuel, le cousin d'Abraham.
   d. Il fit part aux parents de la jeune fille du but de son voyage.
   e. Les parents ainsi que la jeune fille ont donné leur consentement

6. Trouvez ce qu'on peut admirer dans Eliézer.
   ____ Il a essayé de détourner les biens de son maître
   ____ Il parle bien d'Abraham
   ____ Il force Rébecca à décider sans le consentement de ses parents
   ____ Il fait montre de respect pour Abraham et Isaac

Leçon 2 Aaron, serviteur de Moise

Textes pour la préparation: Ex.4:13-17; 5:1; 18:2-4; 28:1-2; 32:1-25; No. 12:1-15; 16:47-48; 20:24-28; Le.10:1-7
Texte à lire en classe: Ex.32:1-6
Verset de mémoire: Aaron va être recueilli auprès de son peuple; car il n'entrera point dans le pays que je donne aux enfants d'Israël, parce que vous avez été rebelles à mon ordre, aux eaux de Meriba. **No.20: 24**
Méthodes: Discours, comparaisons, questions
But: Rappeler à tous l'obéissance à Dieu comme devant être la priorité du chrétien.

Introduction
Quelle position d'honneur d'avoir à accompagner son frère cadet depuis le berceau jusqu'à son élévation en dignité! Aaron était le fidèle compagnon de Moise, son petit frère.

I. Il était un très grand supporteur de son ministère.
1. Dieu l'a recommandé comme l'interprète de Moise auprès de Pharaon pour suppléer à son bégaiement. Ex.4:14-17
2. Il l'accompagnait devant Pharaon pour produire les miracles et les prodiges. Ex.4:30
3. Il était le premier sacrificateur dans la lignée sacerdotale. Son intercession en faveur de ses adversaires était son geste le plus remarquable. Effectivement Dieu l'a exaucé

et la plaie qui les décimait, fut arrêtée. Ex.28:1-2; No.16: 47-48
4. Quand le peuple se rebellait contre Moise et voulut du même coup nier l'autorité d'Aaron, Dieu fit alors fleurir la verge d'Aaron à l'exclusion des autres. No.17: 7-8

II. Faiblesse d'Aaron.
1. Il était un père trop tolérant.
   a. Il laissait faire ses fils Nadab et Abihu qui «venaient devant Dieu avec un feu étranger». Dieu les consuma sur place pour punir leur forfait et aussi pour reprocher le comportement d'un père tolérant. Le.10 :1-2
   b. Comme conséquences, ses fils Eléazar, Ithamar et lui comme père, étaient interdits d'assister aux funérailles des deux disparus, car ayant l'onction sur eux, ils ne pouvaient laisser la tente d'assignation. Le.10: 3-7
   c. De plus, ils ne pouvaient manifester leur mécontentement envers. Le.10: 6
2. Il était même lâche
   a. Durant les 40 jours de retraite de Moise au pied de l'Eternel, à Sinaï, le peuple avait eu le temps de fabriquer un dieu à qui il accordait la paternité de leur délivrance du pays d'Egypte. Devinez qui en était le forgeron? Aaron. Dieu ne l'avait pas puni sur l'heure. Vous en saurez la raison plus tard. Ex.32:1-6

b. Quand Moise le reprochait pour sa manière d'agir, il se défendit en jetant tout le blâme sur le peuple. Ex.32: 21-25

c. Il se gardait de mentionner qu'après avoir fondu le veau d'or, il avait lui-même crié à haute voix :
«Demain, il y aura fête en l'honneur de l'Eternel!» Ex.32: 5

3. Il était un serviteur impulsif.
Quand Moise ne pouvait contenir sa colère contre le peuple d'Israël aux eaux de Meriba, tout le monde avait fermé les yeux sur Aaron. Et pourtant, Dieu l'a jugé comme rebelle et c'était la cause de sa mort.
No.20: 10-12; 24

4. Il était raciste.
Nous ne savons ce qui était advenu de Séphora, la première femme de Moise, la mère de Guerschom et d'Eliézer. Nous apprenons qu'elle a été renvoyée et rien ne laissait présumer qu'elle était rentrée en grâce auprès de son mari. Ex.18:2-4
Et depuis, Moise a eu une autre femme. Cette fois-ci, une négresse. No.12:1
Pour cette raison, Aaron s'entendait avec Marie, sa grande sœur, pour renverser Moise. No.12 : 2. Dieu frappa Marie d'une lèpre au visage. Elle était mise en quarantaine pour sept jours. Elle fut seulement graciée quand Moise intercéda pour elle auprès de Dieu. No.12:13-15 Du

coup, Aaron fut épargné. Mais son tour viendra.

III. Sa fin

En effet, sans cause apparente, Dieu l'a tout simplement dépouillé de son prestige sacerdotal et l'a recueilli en en signifiant la raison. «IL AVAIT ETE REBELLE A SON ORDRE AUX EAUX DE MERIBA» No.20:24-28

IV. Leçons à tirer:

1. Nous devons supporter les membres de notre famille surtout dans l'adversité.
2. Si nous aimons vraiment nos enfants, nous devons avoir le courage de les discipliner et de les élever dans la crainte de Dieu. S'ils font du tort à quelqu'un, blâmez-les et réparez ces torts en vertu de la solidarité famillale.
3. Dieu tolère certaines gens dans l'Eglise pour combler un vide en attendant que d'autres selon son cœur le remplissent.
4. Dieu a son heure pour punir. Que personne ne s'abuse. La punition est certaine. A bon entendeur, salut!

Conclusion

Veillez à la façon dont vous servez le Seigneur. La récompense ou le châtiment viendra certainement.

Questions

1. Dites tout ce qui est vrai du tempérament d'Aaron
   ___ Il était le frère de Moise __ tolérant __ lâche __ impulsif__ raciste.

2. Dites tout ce qui est vrai de ses qualités
   Il était ___ sacrificateur __ forgeron __ grand orateur

3. Montrez la patience de Dieu envers Aaron
   a. Il ne le punissait pas sur l'heure après la fonte du veau d'or et aussi après sa rébellion aux eaux de Meriba.
   b. Il ne le punissait pas en même temps que Marie coupable de la même faute.

4. Pourquoi parlait-il mal de Moise ?
   Pour son mariage avec une femme noire.

5. Qui était puni à ce moment?
   Marie, la grande sœur de Moise.

6. Comment mourut Aaron?
   Dieu l'a dépouillé de son prestige de sacrificateur, en passant le sacerdoce à ses fils.

8. Quelles sont les leçons que nous pouvons en tirer?
   a. Nous devons supporter les membres de notre famille dans les moments d'adversité.
   b. Nous devons reprendre nos enfants pour leur inconduite surtout à l'égard de Dieu.
   c. Dieu pardonne au pécheur repentant, mais il punira certainement les rebelles tôt ou tard.

Leçon 3 Josué, serviteur de Moise

Textes pour la préparation: Ex.17:8-16; 24:13; 32:1-29; 33:11; De.1:38; 31:1-13; Jo.2:1; 24:1-5
Texte à lire en classe: De.31:1-9
Verset de mémoire: Moise appela Josué, et lui dit en présence de tout Israël: «Fortifie-toi et prends courage, car tu entreras avec ce peuple dans le pays que l'Eternel a juré à leurs pères de leur donner et c'est toi qui les en mettras en possession. De.31:7
Méthodes: discours, comparaisons, questions
But: Montrer une promotion bien méritée

Introduction
Si Moise était appelé à prononcer un discours d'appréciation, il ne saurait l'achever sans émettre une série de citations glorieuses à l'endroit d'un digne serviteur qu'il affectera ensuite de la médaille d'or « Honneur et Mérite ». Je ne vais pas me casser la tête pour deviner qui. Il s'agit de Josué.

I. Identification. Qui était-il?
1. Un guerrier. C'est à la bataille mettant aux prises Amalek avec Israël que nous voyons son nom cité pour la première fois. Quelle singulière connaissance! Il lutta contre Amalek depuis le matin jusqu'au soir. Ex.17: 12-13.
8. En face de Jéricho, il n'avait pas peur de provoquer en duel un général de l'armée. Il était pourtant en face de Jésus, sans le savoir. C'est de lui qu'il obtint la stratégie

de combat pour détruire cette ville imprenable.
Jo.5:14; 6:1-10
3. Un serviteur de Moise. J'aurais dit son aide de camp. Soucieux de son maître, Josué resta à sa disposition pendant les quarante jours qu'il devait passer avec Dieu au pied du mont Sinaï. Ex.24: 12-13; 33:11
4. Un homme de foi. Quand les millions d'Israël se rebellèrent contre Moise pour appuyer le rapport des espions, il était avec Caleb le seul à être d'accord pour défier les enfants d'Anak et conquérir Canaan. No.14:4-9
5. Un successeur digne. Moise réunit tout Israël et fit en leur présence la nomination de Josué pour le remplacer. De.31:7
Il constate dans un document écrit le décret-loi en vertu duquel Josué serait son successeur immédiat. Il en donne copie aux sacrificateurs et aux anciens d'Israël.
De. 31: 7-9
6. Un leader de vision et de décision. A la mort de Moise, Il devint l'exécuteur testamentaire des promesses de l'Eternel à l'endroit de son peuple. Il réalisa en trois jours ce que Moise n'avait pu faire en quarante ans: L'entrée du peuple dans La Terre Promise. Il fit avec équité le «repartimientos» de la terre de Canaan aux douze tribus d'Israël.
7. Un homme intègre. En guise de dédicace après cette distribution, il épilogua sur sa

carrière en conviant les enfants d'Israël à faire comme lui et sa maison en choisissant l'Eternel. Jo.24:15

Conclusion

Les fautes de nos prédécesseurs sont une école de formation pour un meilleur avenir. Passons fièrement le flambeau du leadership à la génération montante. Un jour nous aurons, sinon un triomphe personnel mais du moins, une gloire commune.

Questions

1. Qui était Josué?
   Serviteur dévoué de Moise
2. Comment montre-t-il son attachement à Moise?
   Il restait au pied de la Montagne pendant 40 jours à attendre ses ordres
3. Quel était son caractère? Intrépide, décisif.
4. Quelles étaient ses vertus?
   Il était un homme de foi, un serviteur digne, un leader de vision
5. Comment justifier son intrépidité?
   Il fit en trois jours ce que Moise n'a pu faire en quarante ans.
6. Comment aborda-t-il l'homme qui vint à sa rencontre avec une épée nue?
   En guerrier sans peur
7. Comment Moise procéda-t- il son investiture?
   a. Il en fit la déclaration publique
   b. Il le publia comme un décret-loi
   c. Il en donna copie à toutes les autorités concernées.

Leçon 4 Samuel, serviteur du sacrificateur Eli

Textes pour la préparation: 1S.1: 1-28; 2: 12-36; 3: 1-21; 13:14; 15:18-28; 16:12-24; 28:11-19
Texte à lire en classe: 1S.3:1-10
Verset de mémoire: L'Eternel vint et se présenta, et il appela comme les autres fois: «Samuel, Samuel! Et Samuel répondit: «Parle, car ton serviteur écoute.» **1S.3:10**
Méthodes: Discours, comparaisons, questions
But: Montrer l'œuvre de Dieu dans une vie consacrée.

Introduction
Qui aurait cru qu'Hophni et Phinées, fils du sacrificateur Eli, ne seraient les légitimes héritiers du régime sacerdotal ? Pourtant, c'est le petit Samuel qui fut sélectionné. Qui l'a qualifié?

I. Samuel un enfant consacré à l'Eternel dès le sein maternel.
1. Il faisait le service devant l'Eternel 1S.2:18
    a. Au départ comme stagiaire. 1S.2:18
    b. Puis comme simple serviteur après avoir reçu la révélation de Dieu. 1S.3: 10-17
    c. Enfin comme prophète et sacrificateur à plein temps après le décès tragique d'Eli et de ses fils. 1S.3:12-14; 19-21
2. Le temple était son adresse. C'était là qu'il dormait, à côté de l'arche de Dieu, en sorte que si Dieu veut lui parler, il soit déjà prêt à l'écouter. 1S.3:3 C'était en ce temps-là, sa

manière de communiquer avec les hommes de Dieu.
3. Il obéissait littéralement aux ordres d'Eli et ne prenait jamais ses fils pour des modèles de conduite parce qu'ils étaient corrompus. 1S.3: 17-18
4. L'Eternel ne s'est pas impatienté pour l'appeler quatre fois jusqu'à ce qu'il reconnaisse sa voix. Et pourtant, il n'a rien révélé au sacrificateur Eli qui dormait dans la chambre voisine parce qu'il tolérait le péché de ses enfants, sacrificateurs comme lui. 1S. 3:1, 8-11, 13

II. Il succéda à Eli
1. Durant les vieux jours d'Eli, il jouait déjà le rôle de prophète et de sacrificateur. 1S. 3: 19-21
2. Plus tard, Il déposera le roi Saul en faveur de David jugé plus digne. 1S.13:14; 15:28; 16:12-14
3. Même à sa mort, Dieu a tenu au respect de son cadavre ainsi que de ses dernières paroles.
1S.15: 18-19, 26; 28:11-19
4. Il prononça l'arrêt de mort du roi Saul parce que celui-ci interpelait son esprit dans la table-tournante chez une magicienne d'En-Dor. 1Sa. 28: 16-19

II. Ce qu'il faut retenir de Samuel.

1. Il a laissé l'exemple d'un serviteur plus attaché à Dieu qu'au sacrificateur Eli, son maître immédiat. L'onction de Dieu était sur lui en permanence puisque, même pour dormir, il préférait se coucher près de l'arche.
2. Il nous donne l'exemple d'un serviteur intègre, difficile à corrompre dans un milieu corrompu.
3. Il a développé en lui les qualités spirituelles qui renforcent son autorité sur le peuple et même sur Saul, le premier roi en Israël.
4. Dieu n'appelle pas les gens qualifiés, mais il qualifie ceux qu'il appelle.

Conclusion
Prenez Samuel pour modèle. Vous serez respecté même dans votre mort.

Questions

1. Comment s'appelait les fils d'Eli? Hophni et Phinées
2. Quel était leur comportement? Ils étaient corrompus
3. Comment était Samuel? Consacré à l'Eternel
4. Où dormait –il? Dans le temple, à côté de l'arche de Dieu
5. Pourquoi Dieu parlait-il plutôt à Samuel?
   a. Parce qu'il était disposé à écouter la voix de Dieu
   b. Parce qu'Eli tolérait les vices de ses enfants
6. Quel était son rôle? Il était à la fois prophète, juge et sacrificateur
7. Que nous faut-il retenir de Samuel?
   a. Le chrétien doit être à l'écoute de Dieu même pendant son sommeil.
   b. Qu'on doit être fidèle en tout temps.
   c. Que Dieu nous appelle sans qualification pour nous qualifier.

Leçon 5 Tsiba, serviteur de Mephibosheth

Texte pour la préparation: 1S.20:14-16; 2S. 9:1-13; 16:1-4; 19:24-30; 1Ti.5: 24-25
Texte à lire en classe: 2S.9:1-13
Verset de mémoire: De même, les bonnes œuvres sont manifestes, et celles qui ne le sont pas ne peuvent rester cachées. 1Ti.5: 25
Méthodes: discussion, comparaisons, questions
But: Montrer que trahir son bienfaiteur est une tache indélébile.

Introduction

Quand David accéda au trône d'Israël, il n'a jamais oublié le serment qui le liait à Jonathan de faire du bien à sa maison. 1S.20:14-16, 42 Après que son royaume fut affermi, il se posa la question suivante:
«Reste–t-il encore quelqu'un de la maison de Saul, pour que je lui fasse du bien à cause de Jonathan?» 2S.9:1

I. C'était un cri d'appel. A cette question, on lui introduisit Tsiba.

Celui-ci était le serviteur, d'un fil de Jonathan appelé Mephiboscheth, un homme perclus des deux pieds. 2S.9: 3 David décida d'enrichir Mephibosheth et il élèvera Tsiba au titre de comptable des biens de son maître. Ce job était comme une boite au trésor remis à Tsiba dont lui seul détenait la clé.

III. Tsiba un serviteur privilégié.

Il bénéficia largement des faveurs du roi accordées à son protégé. 2S.9: 1-13
1. Imaginez qu'il avait quinze fils et vingt serviteurs. Tous sont embauchés en un seul jour aux frais de Mephiboscheth. 2S.9: 10
2. Ses services domestiques étaient allégés puisque son maître mangera chaque jour à la table du roi. 2S.9:13

III. Tsiba, un serviteur ingrat et méchant.

En ce temps-là, Absalom était en pleine révolte contre David, son père et s'est rallié tous les tenants du règne déchu de Saul. Tsiba en profita pour monter un coup contre Mephiboscheth. Il imagina qu'il pourra éliminer son maître et s'accaparer de toutes les terres pour lui et ses fils. C'est ainsi qu'il alla au-devant de David avec du ravitaillement et en profita pour le persuader des intentions de Mephiboscheth à la royauté. Dès lors le roi, croyant à une trahison de Mephiboscheth, enleva tous les biens de l'infirme et les passa automatiquement à Tsiba. 2S.16:1-4

IV. Dieu restaure Mephiboscheth dans l'intimité du roi.

1. Quand Dieu retourne le royaume à David, voici Mephibosheth qui vient à sa rencontre. Le roi lui posa des questions sur son indifférence. Il s'en remet à la sagesse du roi pour vérifier le bien-fondé des accusations de Tsiba. **2S 19: 24-30**

2. Alors le roi lui déclare que ses biens seront partagés entre lui et Tsiba. Dans sa sincérité envers le roi, il était d'accord que Tsiba gardât tous les biens pourvu qu'il regagne l'amitié et la confiance du roi.

Conclusion
Combien de serviteurs ne nourrissent-ils pas des intentions malveillantes à l'endroit de leur maître? Songez que les biens mal acquis ne profitent jamais et qu'il y a un jugement pour toutes choses sous le soleil.

Questions

1. Qui était Tsiba? Serviteur de Mephiboscheth
2. Qui était Mephiboscheth? Le fil de Jonathan
3. Quelle était sa condition physique? Il était paralysé
4. Quelle était la bonne intention de David? Faire du bien au rejeton de Jonathan
5. Qui devait gérer les biens de Mephiboscheth? Tsiba
6. Que fit-il pour s'accaparer de tous les biens de l'infirme? Il le calomnia devant David
7. Quand cela arriva-t-il? Quand David était en défaveur devant son fils Absalom
8. Qui a sauvé Mephiboscheth? La main de Dieu
9. Que fit David dans ce cas? Il partage les biens de l'infirme avec Tsiba.

Leçon 6 Elisée, serviteur du prophète Elie.

Testes pour la préparation: 1R. 17:1; 19: 16-21; 2R.1:3-11; 3:11, 13; 5:9; 2Ro.2:1-11; 6: 31-33; 7:2
Texte à lire en classe: 1R.19:19-21
Verset de mémoire: Il prit le manteau qu'Elie avait laissé tomber, et il frappa les eaux, et dit: «Où est l'Eternel, le Dieu d'Elie?» Lui aussi, il frappa les eaux, qui se partagèrent çà et là et Elisée passa. **2R.2: 14**
Méthodes: Discussion, comparaisons, questions
But: Montrer la récompense à la fidélité.

Introduction
Rien ne rend un doyen plus fier que de prévoir un digne successeur. Le prophète Elie avait ce privilège. Un étudiant distingué de son Séminaire sera l'élu du Mont Carmel. Il s'appelle Elisée.

I. Il admirait tant le prophète qu'il l'imitait en tout.
    1. Il était discret comme son maître.
    Elie était très sobre en parole. Mais ses prophéties tombaient comme une massue sur la tête du pays et même sur le roi Achab et la reine Jézabel. 1R.17: 1.
    Un jour, tandis que la famine sévissait à Samarie, Élisée prédisait une abondance de nourriture pour le lendemain. L'officier du roi de Samarie méprisa cette prophétie. Élisée lui disait en présence du roi de Samarie «Qu'il la verra de ses yeux mais

qu'il n'en mangera pas.» Il en fut ainsi. 2R. 7:2
2. Il était hardi comme son maître. Remarquez Quand le roi Achazia eut des fractures à la suite d'une chute du haut de son balcon, il avait envoyé des messagers à Ekron pour consulter Beelzebub. Le prophète Elie barra la route aux messagers du roi pour leur dire: «Est-ce parce qu'il n'y a point de Dieu en Israël que vous allez consulter Baal-Zebub, dieu d'Ekron? 2R.1: 3-4 et il commanda le feu du ciel sur 102 soldats envoyés par escouades pour l'arrêter. 2R. 1: 9, 11 Elisée avait fait une action pareille contre l'officier du roi Joram envoyé pour l'arrêter. 2R. 6:31-33
3. Il hérita la foi de son maître: Il traversa le Jourdain à pied sec avec son maître tandis que cinquante fils de prophètes se tenaient là, à distance et n'ont pas osé faire cette expérience de foi. 2R.2:7
4. Il nourrissait l'ambition d'obtenir la double portion de l'Esprit qui anime son maître. 2R.2:9 Effectivement il l'a eue. Cf. Torche Brulante Tome 4 Série 3 leçon 11 pour les détails.
5. Il rêvait d'endosser toute sa vie le prestige de son maître. Voilà pourquoi il ramassa le manteau d'Elie comme un bien testamentaire. 2R.2: 13-14
6. Il a tout abandonné pour le saint ministère en vue de suivre les traces du prophète. 1R.19:19-21

7. Il lui restera attaché jusqu'à son enlèvement. 2R.2:2, 4, 6, 11

II. Sa récompense
1. Il hérita effectivement le double de la puissance du prophète Elie. Dès lors il s'engage dans le ministère en emportant avec lui le trophée d'un serviteur accompli.
2. Tous les rois d'Israël et de Juda devaient reconnaitre son autorité et l'avoir comme suprême référence devant leur dilemme. 2R.3:11-18

Conclusion
Quelle noble ambition que d'hériter les vertus d'un homme de foi! Prions pour que nos séminaires et nos églises produisent de pareils serviteurs.

Questions

1. Qui était Elisée? Serviteur et étudiant au séminaire du prophète Elie

2. Quelle était son ambition? Etre comme son maître mais en le dépassant

3. Quels étaient leurs traits communs? Discrets, hardis, hommes de foi

4. Quels étaient les traits particuliers de ce serviteur? Il était fidèle et ambitieux de savoir et de servir

5. Comment fut-il récompensé? Dieu lui a donné de faire au double des miracles de son maître

6. Cochez les vraies réponses:
   La puissance d'Elisée réside
   a. Dans le manteau du prophète Elie
   b. Dans la consécration au service de Dieu.
   c. Dans les livres à la bibliothèque du Séminaire
   d. Dans le Saint-Esprit

Leçon 7 Jean Baptiste, précurseur de Jésus-Christ

Textes pour la préparation. Mt. 3:1-12; 11:1-12; Mc.6:14-29; Lu.3:14; Jn.1:29; 3:30
Texte à lire en classe: Mt.3:1-12
Verset de mémoire: «Je vous le dis en vérité, parmi ceux qui sont nés de femme, il n'en a point paru de plus grand que Jean Baptiste.» **Mt.11:11a**
Méthodes: discussion, comparaisons, questions
But: Féliciter tous les serviteurs qui se gardent de diviser l'Eglise.

Introduction
Qu'il est beau de voir un présentateur présenté à son tour par son Seigneur! Est-ce que les rôles sont renversés ou réciproquement appréciés? Pourquoi Jésus, le divin maître tenait-il à faire l'éloge de Jean-Baptiste?

I. Parce qu'il était un serviteur humble.
1. Sa façon d'exalter le Messie à venir, témoigne de son humilité et de son amour pour lui. « Après moi vient un homme dont je ne suis pas digne d'amarrer les souliers.» Mt.3:11
2. Son accoutrement et son régime constituent un défi contre une société pourrie où la valeur réside dans le pouvoir, la discrimination, les préjugés et les biens matériels. Mt.3:4

II. Parce qu'il était un serviteur courageux.
1. Il prend des risques pour le maître en parlant
   a. avec hardiesse aux soldats romains sans qu'il soit appuyé par une armée ou un badge de général. Lu.3:14
   b. avec fermeté au roi Hérode. Mc.6:18
2. Il ne reproche pas le Seigneur pour le genre de mort qu'il va affronter. Il ne met pas en doute sa puissance. Cependant, étant dans la prison, et ayant entendu parler des miracles de Jésus, il pouvait croire à une mise en liberté miraculeuse qui tardait d'ailleurs. C'est tout ce qu'on peut comprendre du verset 20 de Luc chapitre 7

III. Parce qu'il était un médiateur loyal: De Jésus il dit clairement: «Voici l'agneau de Dieu qui ôte le péché du monde.» Jn.1:29
1. Il a fait charnière entre L'Ancien et le Nouveau Testament. C'était en date, le dernier prophète à annoncer Jésus-Christ par un message révolutionnaire. Mt.3: 10
2. Un serviteur loyal. Il passa les disciples au Seigneur et ne songe jamais à ouvrir une Eglise avec son groupe. Il vous fait savoir: « qu'il ne faut pas le confondre avec l'époux; il est seulement son ami.» Autant dire qu'il n'est et ne sera jamais leur pasteur. Jn.3:29
3. Un homme dont Jésus était fier. Il le met au-dessus de tous les philosophes, de tous les savants et les beaux diserts. Mt.11:11

IV. Que pouvons-nous apprendre de Jean-Baptiste?

1. Jean-Baptiste nous apprend que la valeur n'est pas dans l'habit ni dans les relations mais dans le caractère.
2. La mission que Dieu nous confie ne s'accommode pas de vieux racontars ou de verbiages mais d'obéissance.
3. Jean-Baptiste n'a fait aucun miracle. Pourtant, Jésus l'a classé comme le plus grand parmi ceux-là qui sont nés de femmes. Mt.11:11
4. Il a vécu en serviteur. Il est mort en serviteur. Il est recueilli comme un prince avec Dieu.

Conclusion

Que notre service à l'Eglise ne soit pas une campagne pour diviser le troupeau. Cette initiative est honteuse et va nous coûter beaucoup au jour du jugement. Soyez plutôt humble et obéissant de manière à recevoir l'hommage public de Jésus au jour de la grande rétribution.

Questions

1. Qui était Jean-Baptiste? Le précurseur de Jésus-Christ
2. Quel était son rôle? Introduire Jésus dans son ministère terrestre?
   a. Comme l'agneau de Dieu qui ôte le péché du monde
   b. Un homme dont il n'est pas digne de lasser les souliers
   c. L'ami de l'époux
3. Qu'est-ce que Jésus loue-t-il dans ce serviteur? Son courage, sa loyauté, son humilité, sa grandeur d'âme.
4. A qui présentait-il le message de repentance? A Hérode, aux soldats romains, aux pharisiens et aux sadducéens, à tout le peuple.
5. Soulignez ici ce qui a fait la grandeur de Jean-Baptiste.
   a. Il a fait des miracles.
   b. Il parlait en langue
   c. Il était un grand orateur
   d. Il desservait une grande Eglise
   e. Il était humble, fidèle et courageux

Leçon 8 Le roi et ses trois gestionnaires

Textes pour la préparation. Mt.25 :15-25
Texte à lire en classe: Mt.25: 24-30
Verset de mémoire: Et le serviteur inutile, jetez-le dans les ténèbres du dehors, où il y a des pleurs et des grincements de dents. **Mt.25:30**
Méthodes: discussion, comparaisons, questions
But: Vous exhorter à faire valoir vos talents pour la cause du Seigneur.

Introduction

Tous les rois ont une histoire à retenir quand on regarde dans le répertoire de leurs œuvres de sagesse ou dans leur folie. Celui-ci est tout particulier. A son départ pour un pays éloigné, il confia à des serviteurs le soin de gérer ses biens. Comment procède-t-il ?

I. Une répartition inégale de ses biens

1. Il répartit ses richesses entre trois serviteurs. Mt.25: 14
2. Le premier reçut dix talents, le second cinq et le troisième un. Mt.25 : 15
3. Il en fait la distribution suivant la compétence dont il reconnait à chacun.

II. Une répartition en respectant le libre arbitre de chacun.

1. Il leur notifie son absence. Ainsi chacun sera libre de faire ce qu'il peut sans son avis. La compétence, le savoir-faire, l'expérience

de chacun sont les seuls guides et la conscience individuelle comme le seul juge.
2. Le premier et le deuxième déploient leur génie. Mt.25 :16-17
   a. Ils veulent se prouver durant l'absence de leur maître.
   b. Ils viennent avec des rapports chiffrés accompagnés de preuves incontestables.
3. Le troisième cache son talent et vient avec des excuses, des accusations et même des mots de dénigrement pour insulter son roi.
Il se caractérise par la paresse, la négligence et la jalousie du succès des deux autres. Mt.25:24-25

III. Récompenses suivant les mérites.
1. Les deux premiers reçoivent des paroles de félicitations et des privilèges en proportion de leur rendement. Mt.25: 20-23
2. Le troisième perd l'estime de son maître. Il connut de préférence, une honte publique suivie de sa révocation pure et simple. Mt.25 : 26-30

IV. Que représentent-ils ?
1. Le serviteur méchant et paresseux représente les juifs dans leur refus de présenter la Loi de Dieu aux païens. Ils ont caché leur talent sous le boisseau des préjugés, de l'égocentrisme, et l'indifférence. Dieu est le roi qui nous donne les talents à faire valoir.

2. Les deux autres serviteurs sont l'image de chaque chrétien avec tous les dons que Dieu leur accorde pour les faire valoir en attendant son retour.
3. Les serviteurs fidèles recevaient des honneurs et des récompenses. Nous, nous aurons le ciel et la couronne.
4. Retenez que ce long voyage du roi est le délai de Christ accordé à l'Eglise pour accomplir son œuvre avant son retour.

Conclusion

Faisons notre choix dès maintenant. Il n'est pas trop tard.

Questions

1. Qui symbolise le roi dans cette parabole? Dieu qui nous donne les talents

2. Que symbolise ce long voyage? Le temps pour l'"Eglise de fructifier ses talents avant le retour du Seigneur.

3. Que nous donne-t-il pour le faire? Le don du Saint Esprit

4. Que représentent les deux premiers serviteurs? Les chrétiens fidèles à la tache

5. Que représente le serviteur méchant? Les juifs infidèles dans la présentation du vrai Dieu aux païens.

6. Quelle était la récompense accordée aux serviteurs fidèles? Ils auront des privilèges et des responsabilités au double

7. Quel était le sort du serviteur méchant? Il fut destitué.

Leçon 9 Le serviteur inutile

Textes pour la préparation: Lu.17: 7-10; Ga.2:20; Ep: 2:8-10; Ap.7:15; 22: 3
Texte à lire en classe: Lu.17:7-10
Verset de mémoire: Vous de même, quand vous avez fait tout ce qui vous a été ordonné, dites: «Nous sommes des serviteurs inutiles, nous avons fait ce que nous devions faire.» **Lu.17: 10**
Méthodes: discussion, comparaisons, questions
But: Nous porter à servir Dieu avec désintéressement.

Introduction
Un titre peu enviable quand on connait l'homme dans sa recherche constante d'appréciation. Qui peut-on considérer comme tel?

I. Celui qui se considère indigne du traitement de son maître
   1. Pour son salut gratuit. Hier esclave du péché, aujourd'hui racheté par grâce. Ep.2:8
   2. Pour sa protection gratuite. Hier livré au mal, aujourd'hui préservé de tout mal et de toute chute. Mt.6: 13; Jude.24
   3. Pour ses soins gratuits. Hier on était comme l'enfant prodigue livré à une vie de débauche sans espoir d'en sortir vivant, aujourd'hui le Seigneur et les anges se réjouissent de nous accueillir. Lu.15 :10
   4. Pour un avenir certain. Hier éloigné de Dieu, aujourd'hui rapproché par le sang de Jésus-Christ. Ep.2:19

II. Celui qui se considère indigne du rôle qu'il joue.
1. Il représente le maître avec tout pouvoir dans le ciel et sur la terre.
2. Il le voit et lui parle sans rendez-vous, sans forme de protocole, à n'importe quelle heure et pour n'importe quelle raison.
3. Il accompagne le maître partout pour le servir.

III. Celui qui se considère indigne de l'héritage qu'il va jouir.
1. Un jour il n'aura plus de fardeau à porter, de douleur à endurer, de larmes à essuyer, de soupir à pousser. Christ essuiera toutes larmes de ses yeux. Ap.21: 4
2. Il subira la promotion d'époux pour s'asseoir à la table du maître. Il le verra face à face. Ap.22: 3
3. Il sera assis sur un trône pour juger les 12 tribus d'Israël. Mt.19:28
4. Il considère donc tous les services rendus à Dieu ici-bas comme un stage pour le service dans l'au-delà. Ap.7:15

IV. Ce qu'il tendra à éviter:
1. La recherche des gloires ici-bas; autrement il aurait déjà reçu sa récompense. Mt.6:1-2
2. La recherche de la vengeance ici-bas, autrement, il aurait perdu ses rétributions. De.32: 35; Ap. 22:12

3. Il doit surtout éviter de faire **pour** Dieu. Il cherchera à faire **par** Dieu. C'est Christ qui produit en lui le vouloir et le faire selon son bon plaisir. Ph.2:13. Ep.2:9-10

Conclusion

Nos Eglises sont remplies de gens qui font tout pour se faire remarquer. Voilà qui retarde le progrès de l'Evangile parmi nous. Ayons l'humilité de Paul pour dire: «Et maintenant si je vis, ce n'est plus moi qui vis, mais c'est Christ qui vit en moi.» Ga. 2:20

Questions

1. Choisissez la vraie définition de serviteur inutile
   __ Un vaurien __ un crétin __ un serviteur humble __ un paresseux
2. Qui est appelé ici serviteur inutile?
   Cochez les vraies réponses.
   Un chrétien reconnaissant
   a. Pour seulement les biens matériels
   b. Pour le salut gratuit
   c. Pour la paix avec Dieu
   d. Pour la protection de Dieu
   e. Pour un avenir assuré
3. Cochez les meilleures réponses
   Le serviteur se reconnait indigne
   a. Parce qu'il possède tout pouvoir du maître dans le   ciel et sur la terre
   b. Parce qu'on peut parler de lui
   c. Parce qu'il peut parler au maître
   d. Parce que le maître est partout avec lui

4. Cochez les meilleures réponses
   Le serviteur indigne croit
   a. A la bonté du maître pour le pardon
   b. A la bonté du maître pour obtenir le gros lot à la loterie.
   c. A la générosité du maître pour lui donner une promotion.
   d. A la préparation du maître pour une vie meilleure.
5. Cochez les meilleures réponses
   a. Le serviteur inutile évite de rechercher la vaine gloire
   b. Il ne recherche pas la vengeance
   c. Il ne fait pas pour Dieu. Il laisse Dieu faire en lui.

Thanksgiving
Leçon 10
Réactions de trois serviteurs aux bienfaits reçus

Textes pour la préparation: 1R.19:15; 2R.8:9-13; 10:32; 12:17 2ch.24: 20-25; Ps.1:1-6; Amos 1:4; Mt.25: 31-46; Jn.12:33; 13:5; Ph.2:5-8
Texte à lire en classe: 2Ch.24:20-22
Verset de mémoire: Le roi Joas ne se souvint pas de la bienveillance qu'avait eue pour lui Jehojada, père de Zacharie, et il fit périr son fils. Zacharie dit en mourant: «Que l'Eternel le voie, et qu'il fasse justice». **2Ch.24:20**
Méthodes: discussion comparaisons, questions
But: Savoir réfléchir à deux fois quand on doit réagir contre un bienfaiteur fautif.

Introduction
Un proverbe allemand dit que «la reconnaissance est comme le blé; elle ne pousse qu'en bonne terre.» Nous allons aujourd'hui éprouver son évolution dans trois terrains différents. Voyons comment elle pousse.

I. Premier terrain: Le roi Joas ou le serviteur ingrat
   1. Le sacrificateur Jehojada s'est entendu avec sa femme, la princesse Joscheba pour cacher et nourrir cet enfant pendant six ans en vue de le soustraire de la dague meurtrière de la reine Athalie. 2R. 11: 2-3
   2. Le jour de son investiture, il eut sept ans. Jehojada eut la fierté de le mettre sur le

trône tandis qu'il fit tuer Athalie, la reine sanglante. 2R.11:4, 13-16
3. Après la mort de Jehojada, Joas se détourna de l'Eternel pour servir les Astartés et les idoles. Il fit tuer les fils de son bienfaiteur Jehojada dont Zacharie, qui osait lui donner un conseil salutaire pour le bien de son royaume. 2Ch.24: 20-22

II. Deuxième terrain: Le roi Hazael ou le serviteur cruel 1R.19:15; 2R. 8:9; 12:17; Amos.1:4

1. Hazael était le successeur de Ben-Hadad, roi de Syrie. 2R.8:13
Comment est-il parvenu au trône?
2. Ben-Hadad était malade. Il envoya Hazael, son homme de confiance, auprès du prophète Elisée pour savoir s'il guérirait de sa maladie. Le prophète lui annonça que le roi mourra sous peu et qu'il sera son successeur immédiat. 2R.8: 11-15
Le prophète Elisée saisit l'occasion pour lui prédire son mauvais comportement:
   a. Il fera du mal aux enfants d'Israël
   b. Il mettra le feu à leurs villes fortes
   c. Il tuera avec l'épée leurs jeunes gens.
   d. Il écrasera leurs petits enfants.
   e. Il fendra le ventre de leurs femmes enceintes. 2R.8:12
   C'était peut-être une façon de l'en détourner. Mais hélas!
   Arrivé auprès du roi, il précipita sa mort par asphyxie en lui appliquant sur le visage un drap mouillé. Pourquoi

n'a-t-il pas attendu la mort naturelle de son ami, puisqu'il était le candidat légitime et sans concurrent notoire? Il était cruel. Voilà. 2R. 8: 7-15

III. Troisième terrain: Jésus ou le serviteur humble et fidèle

1. Jésus un exemple de serviteur
   a. Par l'humilité de sa naissance. Il a accepté de prendre une naissance physique parmi les bêtes, dans une humble étable.
   b. Par l'humilité de sa famille. Il vint de Marie, une femme de condition humble.
   c. Par son humilité pour attirer tous les hommes à lui sans distinction. Jn.12:32
   d. Par son humilité manifestée dans la compagnie de ses disciples: Il leur lava les pieds. Jn.13: 5
   e. Par son obéissance aux décisions du Père. Il ne voulut pas convoiter la position de Dieu mais s'est dépouillé lui-même de sa gloire, se rendant obéissant jusqu'à la mort honteuse de la croix à cause de nous. Ph. 2:5-8
2. Ce serviteur nous engage comme serviteurs à différents niveaux. Il ne demande que notre fidélité. Et le voilà qui distribue des récompenses
   Il n'appelle ni diacre, ni pasteur, ni évangéliste ni docteur. Il appelle LES SERVITEURS.

3. Le chapitre vingt-cinq de l'Evangile selon Mathieu est un résumé des activités sociales de Jésus qu'il nous avait demandé de pratiquer. Auquel cas, nous pourrons nous attendre à des compliments. Dans le cas contraire, nous pouvons nous attendre à des reproches. Toujours est-il qu'il ne se réfère à aucun titre qui nous est reconnu sur la terre mais SERVITEUR.
4. Jésus paie sa reconnaissance aux serviteurs fidèles et son châtiment aux serviteurs méchants et paresseux.

IV. Leur sort
1. Joas, roi de Juda. Il fut grièvement blessé dans une bataille contre les syriens. Là au milieu de ses souffrances atroces, ses serviteurs le tuèrent sur son lit pour venger le meurtre des fils de Jehojada.
2Ch.24: 25
Il fut enterré dans la ville de David, mais pas dans le sépulcre des rois dont il ne fut pas digne. 2Ch.24: 25
2. Hazael, le roi de Syrie. Comme indiqué par le prophète Elisée, ses crimes débordent toute mesure. La Bible ne mentionne pas sa fin. Il devait être selon le psaume premier «comme la paille que le vent dissipe.Ps.1:5
3. Jésus, le roi des rois. Il est souverainement élevé et reçut le nom qui est au-dessus de tout nom, afin qu'au nom de Jésus tout genoux fléchisse dans les cieux, sur la

terre et sous la terre et que toute langue confesse que Jésus-Christ est Seigneur à la gloire de Dieu le Père. Ph.2:9-11

Conclusion

La reconnaissance est une marque de grandeur. Soyeux reconnaissants.

Questions

1. Qui a sauvé Joas de la mort? Le sacrificateur Jehoyada et sa femme Joscheba

2. Comment a-t-il récompensé ce sacrifice? Il a fait tuer leurs fils

3. Comment mourut-il? Tué lui aussi par ses serviteurs pour venger Jehojada.

4. Qui était Hazael pour le roi Ben-Hadad? Son homme de confiance

5. Quel était son dernier geste envers son roi? Il l'a tué par asphyxie avec une couverture mouillé.

6. Quel fut son sort? Il fut comme la paille que le vent dissipe

7. Qui était Jésus-Christ? Le Fils de Dieu, le Sauveur du monde

8. Quel était son sort? Il fut élevé à la dignité de roi des rois et Seigneur des seigneurs.

Fête de la Bible
Leçon 11
Les choses cachées et les choses révélées

Textes pour la préparation: Ps.119:11; Mt.5:14; 13:11; 16:9; 18:18; 22: 31-33; Jn.1:17; Ac. 8:5-40; 1Co.5:7; Ep.3:9; Col.2:13-14; 1Jn.1:7; 1Jn.3:9; Ap. 5:8; 13:8
Texte à lire en classe: Ep.3:1-12
Verset de mémoire: Les choses cachées sont à l'Eternel, notre Dieu; les choses révélées sont à nous et à nos enfants, à perpétuité, afin que nous mettions en pratique toutes les paroles de cette loi. **De.29:29**
Méthodes: discussion, comparaisons, questions
But: Mettre en lumière certains grands mystères de la Bible pour notre édification.

Introduction
Doit-on hésiter à titrer la Bible de mystère? N'est-ce-pas que son auteur est lui-même mystère? Puisqu'il en est ainsi, elle doit contenir des choses cachées à connaitre seulement que par révélation. Considérons-les, en résumé, dans cette leçon:

I. Le mystère de l'Eglise
Jésus l'appelle «le mystère du royaume.» Mt. 13:11
Paul l'appelle « le mystère caché de toute éternité en Dieu» Ep.3:9 ou bien «le mystère de Christ.» Ep.3:4
1. Il ne vient pas comme une continuation de la loi de Moise. Ce sont deux perspectives

différentes. Car la Loi a été donnée par Moise; la grâce et la vérité sont venues par Jésus-Christ. Jn.1:17
2. Il vient comme une continuation de l'Alliance de la promesse. Jésus n'a jamais dit « Je suis le Dieu de Moise» mais plutôt, le Dieu d'Abraham, d'Isaac et de Jacob.» Mt.22:32
3. Toutes les races sont appelées, non comme les observateurs de la Loi de Moise, mais comme les enfants de la promesse. Ga.3: 28-29;
Dans Ac.2:39 «Ceux qui sont au loin» sont mis pour les païens du monde entier.
8. Satan apprend trop tard que, l'esprit de Dieu répandu sur toute chair dans ces derniers temps, est une annonce de sa défaite finale. Jésus est donc champion sur le diable, le monde et la chair et sur toutes les puissances de l'ennemi. Voilà le mystère de l'Eglise.

II. Le mystère de la croix
1. Jésus est l'agneau de Dieu prédestiné avant la fondation du monde pour être immolé à la fin des temps à cause de nous. 1Co.5:7; Ap.13:8
   a. Le rôle de la croix. Sur la croix Christ a livré en spectacle la Loi qui nous condamnait. Christ nous fait grâce pour notre condition de pécheur en Adam. Col.2: 13-14
   b. Le rôle du sang. Son sang versé pour nous règle la question des péchés

occasionnés par nos tendances purement naturelles. Il nous purifie de tout péché. 1Jn.1:7
c. Et pour nous préserver du mal et du malin, il met en nous la semence de la Parole de Dieu. Ps.119:11; 1Jn.3: 9

III. Les clés du royaume de Dieu. Mt.16:9

Il ne s'agit pas d'une clé remise à Saint Pierre pour ouvrir le ciel aux hommes. Cette clé est le message de l'Evangile que devait prêcher les apôtres pour ouvrir la porte du salut aux païens. Tous les apôtres avaient cette clé.
1. Pierre s'en était servi pour ouvrir la porte de l'Evangile aux juifs de Jérusalem au jour de la Pentecôte. Ac. 2: 1, 41
2. Philippe utilisait cette même clé pour ouvrir la porte du salut aux Samaritains et aux Ethiopiens à travers l'eunuque, le ministre de la reine Candace. Ac.8:5-7, 26-27, 36-40
3. Paul s'en était servi pour ouvrir la porte du salut aux païens du monde entier. Ac.9:15
4. Et nous autres les apôtres de la période contemporaine, nous ouvrons la porte du salut en prêchant la Parole aux gens de notre époque.

IV. Autres mystères: Les privilèges du chrétien
1. La croix de Jésus-Christ est cachée dans le cœur du chrétien. La lumière de l'Evangile brille en lui. Mt.5:14

2. Le royaume de Dieu est au-dedans de lui. Lu.17:21
3. L'Eglise a le pouvoir de lier et de délier. En d'autres termes, Dieu approuve au ciel ce qu'elle décide sur la terre comme étant l'épouse recevant son autorité de l'époux. Mt.18:18
4. C'est pourquoi il peut s'adresser à Dieu sans se soucier de la distance du ciel à la terre. Il n'a besoin d'aucun intermédiaire pour le faire. 1Ti.2:5
5. Il peut entrer et sortir sous la garde du grand Dieu sans craindre aucun mal. Ps.121:6
6. Il peut chasser les démons et guérir les malades sans être médecin pour autant. Mt.10:8
7. Dieu conserve ses prières comme un parfum dans des coupes célestes. Ap.5:8

Conclusion
Ce Dieu a fait de nous des mystères. Soyons heureux de vivre dans cette condition pour demeurer semblables à lui.

Questions

1. Citez trois mystères d'après la leçon. Le mystère de l'Eglise, le mystère de la croix, le mystère de Dieu vivant en nous.

2. Donnez d'autres noms pour le mystère de l'Eglise. Le mystère de l'Evangile, le mystère du royaume, le mystère caché de tous les temps.

3. Pourquoi Dieu n'a-t-il pas dit qu'il est le Dieu de Moise? Parce que les païens tout comme les juifs sont englobés en Abraham comme les enfants de la promesse d'après Ac.2:39

4. Quel est la clé que Jésus donne à Pierre et aux apôtres? L'Evangile pour ouvrir la porte de la grâce

5. Quel est le rôle de la croix dans notre salut? Nous délivrer de la condamnation de la Loi

6. Quel est le rôle du sang de Jésus-Christ dans notre salut ? Nous purifier de tout péché.

7. Quel est le privilège du chrétien par ce mystère ?
   a. Il peut s'adresser à Dieu en tout temps, en tout lieu et pour n'importe quoi.
   b. Il est protégé de l'influence du malin
   c. Il peut chasser les démons, guérir les malades, neutraliser les effets des breuvages mortels.

Leçon 12 Les cadeaux de Noël

Textes pour la préparation: Ps.89:7; Jn.3:16; Ac.5:51; Ro.12:1; Ja.1:17; 1Pi.1:13-16
Texte à lire en classe: Ro.12:1-3
Verset de mémoire: Et non seulement ils ont contribué comme nous l'espérions, mais ils se sont d'abord donnés eux-mêmes au Seigneur, puis à nous, par la volonté de Dieu. 2Co.8:5
Méthodes: discussion, comparaisons, questions
But: Nous encourager à donner le meilleur de nous-mêmes au Seigneur.

Introduction

Quand on pense faire un cadeau à quelqu'un, on se pose d'ordinaire la question: Que vais-je lui donner de manière à lui plaire?

I. Le dilemme par rapport aux hommes

1. Quel costume peut-on offrir à un maître tailleur?
2. Quelle auto peut-on offrir à un constructeur d'automobiles?
3. Quel style de maison peut-on offrir à un architecte?
4. Combien d'argent peut-on offrir à un milliardaire?
   Là, vous n'avez pas l'embarras du choix, mais le choix de l'embarras.

II. Le dilemme par rapport à Dieu.
1. Il a créé toutes choses dans le ciel et sur la terre. L'or et l'argent sont à lui. Ag.2:8
2. Il nous donne toutes choses et même au-delà de ce que nous demandons ou pensons. Ep.3:20
3. Ce qu'il donne porte l'empreinte de la sainteté. Toute grâce excellente et tout don parfait descend d'en haut, du Père des lumières chez lequel il n'y a ni changement ni ombre de variation. Jc.1:17
4. Que peut-on lui offrir? Ce doit être des choses de valeur.
   Des choses de grands prix pour caractériser l'honneur à un roi:
   a. Notre personne sur laquelle il exerce le droit de vie et de mort. Ro.12:1
   b. Nos biens: Nos talents, notre argent nos relations, notre connaissance et notre temps. Ils lui appartiennent comme par enchantement.
2. Des cérémonies de valeurs pour caractériser l'adoration à Dieu
   a. Une adoration préparée. L'ordre des services doit être bien établi.
   1) Les prières doivent être bien significatives.
   2) Les lectures doivent être appropriées.
   3) Les déplacements pendant le service doivent être interdits.
   4) Les cellulaires, les Bluetooth doivent être interdits en sa présence.

5) Les chuchoteries formellement interdites car Dieu est terrible dans l'assemblée des saints. Ps.89 :7
   b. Un cœur patient, humble et joyeux. Un cœur soumis plein de bonté, vrai droit, prêt à servir.
      CE. #160
3. Des sacrifices significatifs pour caractériser notre identité au Messie souffrant.
   a. Dieu nous a sauvés par un sacrifice. Il nous faut le servir par des sacrifices. Jn.3:16; Ro.12:1
   b. On doit accepter de subir des outrages pour son nom sans en avoir honte. Ac.5:51; 1Pi.1:13-16

Conclusion
Puisque nous sommes incapables de couvrir ses frais de déplacement du ciel à la terre, de Bethleem à Golgotha, ses frais de séjour parmi nous jusqu'à la fin du monde, songeons à lui donner une royale hospitalité dans notre vie, accordons-lui le respect digne de lui et soyons bien disposés à le servir sans murmurer.

Questions

1. Choisisse ce qu'on peut-on offrir de valeur à Dieu ?
   ___Des choses de valeurs
   ___ Une belle Eglise
   ___ Notre vie
   ___ Des services de louange et d'adoration

2. Dites ce qui intéresse Dieu dans notre cadeau
   ___ Une grande enveloppe
   ___ Un esprit d'humilité
   ___ Un don sacrificiel

3. Vrai ou faux
   a. Dieu n'a pas besoin d'argent __ V __ F
   b. Je n'ai pas besoin de contribuer puisque le salut est gratuit ___ V __ F
   c. Dieu ne demande aucun sacrifice ___ V ___ F
   d. Chaque année l'Eglise devrait vider sa caisse pour aider les pauvres ___ V __ F

Récapitulation des versets

Leçon 1 Eliezer, serviteur d'Abraham Ge.24 :12
Et il dit : « Eternel, Dieu de mon seigneur Abraham, fais-moi, je te prie, rencontrer aujourd'hui ce que je désire, et use de bonté envers mon seigneur Abraham.

Leçon 2 Aaron, serviteur de Moïse No.20 : 24
Aaron va être recueilli auprès de son peuple ; car il n'entrera point dans le pays que je donne aux enfants d'Israël, parce que vous avez été rebelles à mon ordre, aux eaux de Meriba.

Leçon 3 Josué, serviteur de Moise De.31 :7
Moise appela Josué, et lui dit en présence tout Israël : « Fortifie-toi et prends courage, car tu entreras avec ce peuple dans le pays que l'Eternel a juré à leurs pères de leur donner et c'est toi qui les en mettras en possession.

Leçon 4 Samuel, Serviteur du sacrificateur Eli 1S.3 :10
L'Eternel vint et se présenta, et il appela comme les autres fois : Samuel, Samuel ! Et Samuel répondit : « Parle, car ton serviteur écoute.»

Leçon5 Tsiba, serviteur de Mephibosheth 1Ti.5 : 25
De même, les bonnes œuvres sont manifestes, et celle qui ne le sont pas ne peuvent rester cachées.

Leçon 6 Elisée, serviteur du prophète Elie 2R.2 :14

Il prit le manteau qu'Elie avait laissé tomber, et il frappa les eaux, et dit : « Où est l'Eternel, le Dieu d'Elie ? » Lui aussi, il frappa les eaux, qui se partagèrent çà et là et Elisée passa.

Leçon 7 Jean Baptiste, précurseur de Jésus-Christ Mt.11 :11a

« Je vous le dis en vérité, parmi ceux qui sont nés de femme, il n'en a point paru de plus grand que Jean Baptiste. »

Leçon 8 Le roi et ses trois gestionnaires Mt.25 :30

Et le serviteur inutile, jetez-le dans les ténèbres du dehors, où il y a des pleurs et des grincements de dents.

Leçon 9 Le serviteur inutile Lu.17: 10

Vous de même, quand vous avez fait tout ce qui vous a été ordonné, dites: «Nous sommes des serviteurs inutiles, nous avons fait ce que nous devions faire.»

Leçon 10 Réactions de trois serviteurs 2Ch.24 :20

Le roi Joas ne se souvent pas de la bienveillance qu'avait eue pour lui Jehojada, père de Zacharie, et il fit périr son fils. Zacharie dit en mourant : « Que l'Eternel le voie, et qu'il fasse justice ».

Leçon 11   Les choses cachées et les choses révélées De.29 :29
Les choses cachées sont à l'Eternel, notre Dieu ; les choses révélées sont à nous et à nos enfants, à perpétuité, afin que nous mettions en pratique toutes les paroles de cette loi.

Leçon 12   Les cadeaux de Noel 2Co.8 :5
Et non seulement ils ont contribué comme nous l'espérions, mais ils se sont d'abord donnés eux-mêmes au Seigneur, puis à nous, par la volonté de Dieu.

Table des matières

Série 1 - L'Amour de Dieu dans ses grandes dimensions 1
Leçon 1 Dieu est amour 3
Leçon 2 Son amour dans la rédemption de l'homme 6
Leçon 3 Son amour lié à sa justice 9
Leçon 4 Son amour dans la permanence de notre salut 13
Leçon 5 Son amour dans le mécanisme de la rédemption 16
Leçon 6 Son amour manifesté dans notre nature 19
Leçon 7 Son amour manifesté dans la nature 22
Leçon 8 Son amour manifesté par sa prévoyance 26
Leçon 9 L'amour manifesté par sa présence 30
Leçon 10 Ce qui est vrai de l'amour de Dieu 34
Leçon 11 Le triple reniement de Pierre 38
Leçon 12 Le triomphe de l'amour 42
Récapitulation des versets du trimestre 47

Série 2 - La justice de Dieu et la justice des hommes 50
Leçon 1 La justice de Dieu, une disposition éternelle 52
Leçon 2 La justice de Dieu, une disposition incontournable . 56
Leçon 3 La justice de Dieu, une disposition inflexible 61
Leçon 4 La justice de Dieu, une balance équilibrée 65
Leçon 5 La beauté de la justice 69
Leçon 6 La notion de justice selon Jésus-Christ 74
Leçon 7 Le mépris de la justice et ses conséquences 78
Leçon 8 La justice répressive et la commisération 82
Leçon 9 La Bible et les cas de flagrant délit 86
Leçon 10 La Bible et les cas de légitime défense 90
Leçon 11 La justice et la force 94
Leçon 12 Leçon spéciale Occasion: Fête de la Famille 98
Récapitulation des versets du trimestre 106

Série 3 - a Gérance Chrétienne 109
Leçon 1 La notion de gérance dans l'Ancien Testament 111
Leçon 2 La notion de gérance dans le foyer chrétien 114
Leçon 3 La gérance des affaires de Dieu 117
Leçon 4 La gérance de nos biens 120
Leçon 5 La gérance de notre argent 124
Leçon 6 La gérance de notre temps 127
Leçon 7 La gérance de notre corps 130

Leçon 8 La gérance de notre âme. 134
Leçon 9 La gérance de notre esprit 137
Leçon 10 La gérance de l'âme de notre prochain. 139
Leçon 11 La gérance de l'âme de notre frère. 143
Leçon spéciale Jean Huss, fidèle précurseur de la
Réformation 146
Récapitulation des versets 151

Série 4 - Les Serviteurs de Dieu dans la Bible 153
Leçon 1 Eliézer, serviteur d'Abraham 155
Leçon 2 Aaron, serviteur de Moise 159
Leçon 3 Josué, serviteur de Moise 164
Leçon 4 Samuel, serviteur du sacrificateur Eli 167
Leçon 5 Tsiba, serviteur de Mephibosheth 171
Leçon 6 Elisée, serviteur du prophète Elie. 174
Leçon 7 Jean Baptiste, précurseur de Jésus-Christ 178
Leçon 8 Le roi et ses trois gestionnaires 182
Leçon 9 Le serviteur inutile 186
Leçon 10 Thanksgiving:
Réactions de trois serviteurs aux bienfaits reçus 190
Leçon 11 Fête de la Bible:
Les choses cachées et les choses révélées 195
Leçon 12 Les cadeaux de Noel 200
Récapitulation des versets pour le trimestre 204

Rev. Renaut Pierre-Louis

Esquisse Biographique

Pasteur de l'Eglise Baptiste à Saint Raphael	1969
Diplômé du Séminaire théologique Baptiste d'Haïti	1970
Diplômé de l'Ecole de Commerce Julien Craan	1972
Professeur de langues vivantes au Collège Pratique du Nord au Cap-Haitien,	1972
Pasteur de la Première Eglise Baptiste au Cap-Haitien	1972
Pasteur de l'Eglise Baptiste Redford, Cité Sainte Philomène	1976
Diplômé de l'Ecole de Droit du Cap-Haitien	1979
Fondateur du Collège Redford et de l'Ecole Professionnelle ESVOTEC	1980
Pasteur de l'Eglise Baptiste Emmaüs à Fort Lauderdale	1994
Pasteur de l'Eglise Baptiste Péniel à Fort Lauderdale	1996

Pasteur militant pendant quarante-six ans, avocat, poète, écrivain, dramaturge, Ce serviteur du Seigneur vous revient aujourd'hui avec "**La Torche Flamboyante**", un ouvrage didactique de haute portée théologique qui a déjà révolutionné le système d'enseignement dans nos Écoles Du Dimanche, et dans la présentation du message de l'Evangile.

"**La Torche Flamboyante**" vous est aussi présentée en livret trimestriel sans nous écarter de notre promesse de vous enrichir avec douze volumes empreints de variété et de profondeur.

Pasteurs de recherche, prédicateurs de réveil, moniteurs de carrière, chrétiens éveillés, prenez "La Torche" et passez-la.
2 Tim. 2:2

www.ingramcontent.com/pod-product-compliance
Lightning Source LLC
Chambersburg PA
CBHW071612080526
44588CB00010B/1110